思想政治教育基础
与实践探索

卢娟娟　刘金生　郭　朋 ◎ 著

中国华侨出版社

·北京·

图书在版编目（CIP）数据

思想政治教育基础与实践探索 / 卢娟娟，刘金生，

郭朋著 . -- 北京：中国华侨出版社，2024. 10.

ISBN 978-7-5113-9326-5

Ⅰ . D64

中国国家版本馆 CIP 数据核字第 2024ZA8864 号

思想政治教育基础与实践探索

著　　者：卢娟娟　刘金生　郭　朋

责任编辑：陈佳懿

封面设计：徐晓薇

开　　本：710 mm × 1000 mm　1/16 开　印张：11.5　字数：175 千字

印　　刷：北京四海锦诚印刷技术有限公司

版　　次：2025 年 3 月第 1 版

印　　次：2025 年 3 月第 1 次印刷

书　　号：ISBN 978-7-5113-9326-5

定　　价：68.00 元

中国华侨出版社　北京市朝阳区西坝河东里 77 号楼底商 5 号　邮编：100028

发 行 部：（010）88893001　　　　传　　真：（010）62707370

如果发现印装质量问题，影响阅读，请与印刷厂联系调换。

作者简介

卢娟娟，助理研究员，硕士，中共党员，广州理工学院马克思主义学院任教师。主要研究方向为高校思想政治教育、乡村振兴、中国传统文化。主授课程有"中国近现代史纲要""思想道德与法治""军事理论""马克思主义基本原理"等。

近年来主持及参加省级、市级科研课题8项，在国家级、省级以上期刊发表学术论文7篇，主编教材1部，出版专著2部。曾获省、市学术论文一等奖、二等奖；指导学生参加"互联网+创新创业大赛"获广东省优胜奖、大学生创新方法大赛广东省赛三等奖。广东省高校"优秀青年编辑"，曾多次被授予"先进工作者""优秀共产党员"荣誉称号。

刘金生，研究生学历，讲师职称。毕业于辽宁大学，现任职于沈阳药科大学，主要研究方向为党建、教育管理、理论法学。曾获辽宁省高校党建研究项目优秀调研成果三等奖、沈阳市统战理论（调查）研究优秀成果三等奖、辽宁省法学会宪法行政法学会研究会优秀论文二等奖、辽宁省哲学学会优秀论文二等奖等。

郭朋，男，汉族，1995年11月生，四川省达州市人，2018年本科毕业于西华师范大学获教育学学士学位，2021年研究生毕业于成都体育学院获教育学硕士学位，硕士研究生学历，现任教于四川职业技术学院，助教，SYB初级职业指导师。研究方向：马克思主义中国化研究、思想政治教育，参与课题3项，发表省级期刊论文2篇。

前 言

随着社会的迅猛发展和全球化的不断深化，高校思想政治教育正面临着前所未有的挑战与空前的机遇。在这个信息爆炸、文化交融、价值多元的新时代，大学生的思想观念、价值取向和道德观念日趋复杂多元，他们需要在纷繁复杂的社会中保持清醒的头脑，同时在多元文化的冲击下坚守自己的价值底线。这种复杂多变的环境对高校思想政治教育提出了更高的要求，它不仅要引导学生树立正确的世界观、人生观和价值观，还要培养他们的批判性思维和创新精神，使其能够独立思考、明辨是非，并在实践中不断探索和创新。因此，如何有效地进行高校思想政治教育，培养出具有坚定理想信念、高尚道德情操和强烈社会责任感的新时代大学生，已经成为当前高等教育领域亟待解决的重大课题。

本研究旨在全面、系统、深入地探讨高校思想政治教育的理论基础、实践探索与发展路径。这一研究不仅具有重要的学术价值，更承载着深远的现实意义。首先，从理论层面来看，本研究致力于深化对高校思想政治教育内在规律的认识，将细致梳理和分析其理论基础，进一步明确其指导思想、基本原则和主要任务，进一步丰富和发展现有的思想政治教育理论体系。这一工作将为高校思想政治教育的创新与发展提供坚实的理论支撑和指导，确保教育工作的正确方向和有效实施。其次，从实践角度来看，本研究将紧密贴合高校思想政治教育的实际，关注教育工作的具体实施情况，探讨课程体系、师资队伍建设、对象分析与优化路径及环境优化等方面，并提出切实可行的实践策略。这些策略将有助于提高思想政治教育的针对性和实效性，进而促进大学生的全面发展，培养出具有坚定理想信念、高尚道德情操和强烈社会责任感的新时代大学生。最后，本研究还将构建高校思想政治教育的评估体系，通过定期评估全面了解教育工作的成效与不足，为其改进与优化提供科学依据。

本研究的主要目的在于构建一个全面且深入的高校思想政治教育研究框架，以期推动其创新发展，将深入分析高校思想政治教育的理论基础，明确其指导思想、基本原则和主要任务。这一过程旨在为高校思想政治教育提供坚实的理论支撑，确保教育工作的正确方向和有效实施。本研究将深入探讨高校思想政治教育的实践探索，包括研究课程体系如何更好地反映时代要求和大学生需求、师资队伍建设如何提升专业水平和创新能力，以及如何针对不同学生群体制定优化的教育路径。同时，本研究还将关注环境优化，包括校园文化、网络环境、社会环境和家庭环境等，以促进思想政治教育与环境的良性互动。

目 录

第一章 高校思想政治教育的理论基础

第一节 思想政治教育的概念与特点

一、思想政治教育的定义

在当今社会，思想政治教育作为高校教育的重要组成部分，其地位和作用日益凸显，为了深入理解并有效实施思想政治教育，需要明确其基本概念。思想政治教育，作为一种特殊的教育形式，旨在培养学生的思想道德素质，引导其形成正确的世界观、人生观和价值观。

（一）思想政治教育的本质属性

思想政治教育的本质在于通过系统的教育活动，引导学生树立正确的世界观、人生观和价值观，它不仅是理论知识的传播，更是实践智慧的传递，是学生在认知、情感、意志和行为方面的全面塑造。思想政治教育区别于其他教育形式的关键在于其意识形态属性，这意味着它不仅要关注学生的学术成就，还要关注他们的政治认知、社会责任感和道德品质。高校中的思想政治教育强调"立德树人"的根本任务，通过各种教育形式，如课堂教学、实践活动、文化建设等，致力于培养德智体美劳全面发展的社会主义建设者和接班人。[①]思想政治教育具有鲜明的价值导向性，要求教师在教育过程中始终坚持社会主义核心价值观，结合学生的实际情况进行针对性的教育引导，帮助他们在多元化的社会环境中坚定理想信念，形成正确的价值观。

---

① 孙皓祥，王学谦，李中君. 基于生态文明视角分析大学生思想政治教育的理论与实践研究 [J]. 环境工程，2023，41(8): 10105.

（二）思想政治教育的目标任务

思想政治教育的核心任务是培养社会主义合格的建设者和可靠的接班人，这是国家对于高校思想政治教育的基本要求。高校思想政治教育不仅是简单的思想政治理论知识的传授，更是全面育人的过程，旨在通过教育活动，使学生在思想上坚定信念，在政治上明确方向，在道德上追求高尚，并在社会生活中展现良好的行为规范。高校思想政治教育的目标具体体现在三个方面：一是培养学生的政治认同感，使其能够理解和认同社会主义核心价值观，并在实践中自觉践行；二是提升学生的思想道德素质，帮助他们在复杂的社会环境中保持清晰的道德判断力和行为能力；三是增强学生的社会责任感，使其能够积极参与社会实践，并在实际行动中展现出服务社会的意识和能力。通过这些目标的实现，思想政治教育能够有效促进学生的全面发展，使其成为具有社会责任感和创新能力的优秀人才。

（三）思想政治教育的实践意义

思想政治教育的实践意义广泛而深远，它不仅关乎学生个体的成长与发展，更对国家的繁荣、社会的进步及文化的传承与创新具有不可或缺的作用。一是思想政治教育是培养学生正确世界观、人生观和价值观的重要途径。在当今信息爆炸的时代，各种思潮和观念层出不穷，学生面临着前所未有的选择和挑战，通过思想政治教育，学生能够了解国家的历史和文化，系统地学习马克思主义理论，从而形成正确的世界观、人生观和价值观。这种价值观的塑造，对于学生未来的职业选择、人生规划及社会适应能力都具有重要意义。[1]二是思想政治教育是推动国家繁荣和社会进步的重要力量。一个国家的繁荣和社会的进步，离不开广大人民的共同努力和奋斗，而思想政治教育正是通过培养学生的爱国主义精神和社会责任感，激发他们的创造力和创新精神，为国家的发展提供源源不断的动力。同时，思想政治教育还能够促进社会的和谐稳定，增强国家的凝聚力和向心力，为国家的长治久安提供有力保障。三是思想政治教育还具有传承和弘扬民族文化的重要功能。一个民族的文化是其独特的精神财富和宝贵遗产，是民族凝聚力和创造力的重要源泉，通过思想政治教育，学生深入了解自己民族的历史和文化，增强文化自信和文化自觉，从而更好地传承和弘扬民族文化。这种文化的传承和

---

[1] 吴顺. 生态文明视角下高校加强生态伦理教育的探索 [J]. 民族高等教育研究，2022, 10(2): 75-79.

弘扬不仅能够增强民族的凝聚力和向心力，还能够促进不同文化之间的交流和融合，推动人类文明的进步和发展。四是思想政治教育的实践意义体现在对学生个人成长的促进上。通过思想政治教育，学生学会如何做人、如何做事、如何与人相处等，提高自己的综合素质和人际交往能力。同时，思想政治教育还能够培养学生的创新思维和实践能力，使他们能够更好地适应社会的变化并应对各种挑战，这种对个人成长的促进，不仅有助于学生实现自我价值和社会价值，还能够为国家的繁荣和社会的进步培养更多优秀的人才。

思想政治教育作为高校教育的重要组成部分，其定义涵盖了本质属性、目标任务和实践意义等方面，明确这些基本概念有助于更好地理解并有效实施思想政治教育。在新时代背景下，要不断加强思想政治教育的理论研究和实践探索，为培养德智体美劳全面发展的社会主义建设者和接班人提供有力保障。

二、思想政治教育的基本特点

思想政治教育具有强烈的阶级性，它服务于一定的阶级和政党，反映其政治要求和利益。在阶级社会中，思想政治教育是维护阶级统治的重要工具，它通过对人们进行思想教育和引导，使人们形成符合统治阶级需要的思想政治品德。

（一）阶级性是思想政治教育的本质属性

阶级性是思想政治教育的本质属性，这一特点深刻揭示了思想政治教育的核心特征和根本任务。在任何社会形态中，思想政治教育都不可避免地带有阶级色彩，它始终与特定阶级的利益、要求和意志紧密相连。

一是阶级性决定了思想政治教育的方向和目的。在不同的历史阶段和社会制度下，思想政治教育都服务于统治阶级的利益，反映其政治要求和价值导向。例如，在社会主义社会中，思想政治教育致力于培养符合社会主义价值观和道德规范的公民，维护社会主义制度的稳定和发展。[①]

二是阶级性也体现在思想政治教育的内容上。教育内容的选择和设置往往与统治阶级的意识形态密切相关。通过传授符合统治阶级意识形态的理论知识、价值观念和道德规范，思想政治教育能够引导人们形成符合统治阶级需要的思想政治品德。

---

① 孙嘉悦. 生态文明教育融入高校思想政治教育路径探析 [J]. 环境教育，2022(Z1): 42-44.

三是阶级性还影响了思想政治教育的方法和手段。统治阶级会根据自身的需要，选择合适的教育方式和手段，以确保思想政治教育的有效实施。例如，通过加强党性教育、强化意识形态灌输、运用新媒体技术等手段，统治阶级能够更有效地传播自己的意识形态和价值观。[①]

（二）阶级性决定思想政治教育的教育内容

在深入剖析思想政治教育的内涵与核心时，不难发现，其教育内容深受阶级性的影响和制约。阶级性作为思想政治教育的本质属性，决定了教育内容的选择、组织和呈现方式。

一是阶级性决定了思想政治教育内容的价值导向，教育内容的选择必然与统治阶级的意识形态和价值观紧密相关。在社会主义社会中，思想政治教育的内容强调集体主义、爱国主义和社会主义核心价值观，旨在培养具有高尚道德情操和坚定理想信念的社会主义建设者和接班人。

二是阶级性也决定了思想政治教育内容的侧重点，统治阶级会根据自身的需要，对教育内容进行有针对性的选择和强调。例如，在强调国家安全、社会稳定和经济发展的背景下，思想政治教育会更加注重培养学生的国家意识、社会责任感与使命感。

三是阶级性还影响了思想政治教育内容的组织和呈现方式。为了更有效地传播统治阶级的意识形态和价值观，教育内容往往会以系统、连贯和易于接受的方式呈现。通过课堂教学、社会实践、校园文化等形式，思想政治教育将教育内容融入学生的日常生活和学习中，实现润物细无声的教育效果。

（三）阶级性影响思想政治教育的教育方式

阶级性不仅决定了思想政治教育的教育内容和价值导向，还深刻地影响着其教育方式的选择和实施。教育方式作为思想政治教育过程中的重要环节，其有效性直接关系到教育目标的实现和受教育者的接受程度。在阶级性的影响下，思想政治教育的教育方式展现出鲜明的特点。一是阶级性决定了思想政治教育的教育方式具有明确的目的性和针对性。统治阶级为了维护其阶级利益和意识形态的统治地位，会根据自身的需要和目标，选择和设计相应的教育方式。这些教育方式

---

① 史程程. 思想政治教育视域下大学生生态文明观教育策略研究 [J]. 吉林教育，2023(5): 32–34.

旨在有效地传播统治阶级的意识形态和价值观，引导受教育者形成符合统治阶级需要的思想政治品德。二是阶级性使得思想政治教育的教育方式具有鲜明的时代性和创新性。随着社会的发展和时代的变迁，统治阶级的意识形态和价值观也会发生相应的变化，为了适应这种变化，思想政治教育必须不断创新教育方式，以更好地适应时代的需求。例如，在信息化时代，统治阶级会充分利用新媒体等现代技术手段，开展网络思想政治教育，以扩大教育覆盖面和提高教育效果。三是阶级性还影响了思想政治教育的教育方式在实施过程中的灵活性和多样性。不同的受教育者在思想、文化、心理等方面存在差异，因此思想政治教育必须根据受教育者的实际情况和特点，采用灵活多样的教育方式。例如，针对不同年龄、不同专业、不同性别的受教育者，思想政治教育采用不同的教学方法和手段，以提高教育的针对性和实效性。

思想政治教育的阶级性是其本质属性，它决定了思想政治教育的方向、内容和目的。在社会主义社会，要充分认识思想政治教育的阶级性，坚持正确的政治方向，加强思想政治教育工作，为培养具有高度思想觉悟和道德情操的社会主义建设者和接班人提供有力保障。

三、思想政治教育的重要性

在当今社会，随着全球化的深入发展和信息技术的迅猛进步，高校思想政治教育的重要性越发凸显，思想政治教育不仅关系到学生的全面发展，更与国家的未来、民族的命运紧密相连。因此，深入理解和探讨思想政治教育的重要性，对于推动高校教育事业的健康发展具有重要意义。

（一）思想政治教育是塑造学生正确价值观的关键途径

在当今社会，随着科技的飞速发展和全球化的日益加深，各种思潮和文化相互激荡，对大学生的价值观产生了深远的影响。在这样的背景下，思想政治教育显得尤为重要，它不仅是高校教育的重要组成部分，更是塑造学生正确价值观的关键途径。[①]

一是思想政治教育能够引导学生树立正确的世界观、人生观和价值观。通过

---

① 陈根红.思想政治教育视角下的大学生生态文明教育的价值与体现 [J].湖南工业职业技术学院学报，2023, 23(3): 66-70.

系统的理论学习，学生能够了解社会历史发展的规律，认识到个人与社会、国家的关系，从而明确自己的社会责任和历史使命。同时，思想政治教育还能够帮助学生树立正确的道德观念，形成高尚的道德情操，使学生成为有道德、有理想、有文化、有纪律的社会主义建设者和接班人。

二是思想政治教育能够帮助学生抵御不良思想的侵蚀。在全球化背景下，各种思潮和文化相互激荡，其中不乏错误、腐朽的思想观念，这些思想观念容易对大学生的价值观产生负面影响，甚至导致他们走上错误的道路。因此，加强思想政治教育，引导学生正确认识各种思潮和文化，增强他们的辨别能力和抵御能力，是防止学生受到不良思想侵蚀的重要措施。

三是思想政治教育能够促进学生的全面发展。在思想政治教育过程中，学生不仅能够获得理论知识，还能够通过实践活动锻炼自己的实践能力和创新能力。同时，思想政治教育还能够培养学生的团队合作精神和集体荣誉感，增强他们的社会责任感和使命感。这些能力和素质的培养，对于学生的全面发展具有重要的推动作用。

四是思想政治教育能够为国家培养合格的建设者和接班人。高校作为人才培养的重要基地，必须承担起为国家培养合格建设者和接班人的重任，而思想政治教育正是实现这一目标的关键途径。

（二）思想政治教育是维护社会稳定和谐的重要保障

在当今复杂多变的社会环境中，思想政治教育扮演着维护社会稳定和谐的关键角色，它不仅关乎个人的道德修养和品格塑造，更对整个社会的和谐稳定产生深远影响。

一是思想政治教育能够加强公民的国家意识和民族认同感。通过弘扬爱国主义精神，加强国家法律法规教育和思想政治教育，使公民深刻认识到国家与个人的紧密联系，激发他们为国家的繁荣富强贡献力量的热情。这种强烈的国家意识和民族认同感是维护社会稳定和谐的重要心理基础。

二是思想政治教育有助于化解社会矛盾，促进社会和谐。在社会转型期，各种利益冲突和矛盾不断涌现，通过加强思想政治教育，帮助人们正确看待和处理这些矛盾，引导他们以理性、宽容的态度对待不同利益群体，减少社会冲突和摩擦。同时，思想政治教育还能够加强人们的道德约束，提高社会文明程度，为社会的和谐稳定创造良好环境。

（三）思想政治教育是推动社会文明进步的重要力量

在人类社会发展的历史长河中，思想政治教育始终扮演着至关重要的角色，它不仅是个体品德塑造和价值观形成的关键环节，更是推动社会文明进步的重要力量。

一是思想政治教育在提升公民道德素质方面发挥着基础性作用。道德素质是公民素质的核心，也是社会文明进步的重要标志，通过系统的思想政治教育，引导公民树立正确的道德观念，培养高尚的道德情操，提高道德判断力和道德实践能力。这些道德素质的提升不仅有助于个体成为有道德、有修养的人，更能够营造一个诚信友善、和谐稳定的社会环境，为社会的文明进步奠定坚实基础。

二是思想政治教育在弘扬社会正能量方面发挥着积极作用。在当今社会，各种思潮和文化相互激荡，其中不乏消极、负面的信息。这些信息容易对公民的思想产生负面影响，甚至导致社会风气的恶化，因此，加强思想政治教育，弘扬社会正能量，显得尤为重要。通过宣传先进典型、传播正能量故事、倡导积极向上的社会风尚等，激发公民的爱国热情、集体荣誉感和社会责任感，形成积极向上的社会氛围，推动社会文明进步。

三是思想政治教育在推动社会创新发展方面具有重要意义。创新是推动社会发展的重要动力，而思想政治教育能够为创新提供精神动力和智力支持。通过加强思想政治教育，培养公民的创新意识和创新精神，激发他们的创造潜能和创新能力。同时，思想政治教育还能够引导公民关注社会问题、思考人类命运，提出具有创新性的解决方案和思路，这些创新性的想法和方案能够为社会的创新发展提供源源不断的动力，推动社会文明不断进步。

思想政治教育在高校教育中具有举足轻重的地位，它不仅关系到学生的全面发展，更与国家的未来、民族的命运紧密相连。因此，高校必须高度重视思想政治教育工作，为国家培养出更多具有高尚品德、扎实学识和创新能力的新时代青年人才，为国家的繁荣富强和中华民族的伟大复兴贡献青春力量。

第二节　高校思想政治教育的理论基础

一、马克思主义理论指导

在探讨高校思想政治教育的理论基础时，马克思主义理论无疑占据着核心地位。作为无产阶级革命的理论武器，马克思主义不仅揭示了人类社会发展的普遍规律，也为高校思想政治教育提供了科学的指导思想和理论基础。在当代中国，高校作为培养社会主义建设者和接班人的重要阵地，必须坚持以马克思主义为指导，确保思想政治教育的正确方向。

（一）马克思主义理论为高校思想政治教育提供了科学的世界观和方法论

在探索高校思想政治教育的理论基础时，不得不提及马克思主义理论。这一理论不仅揭示了人类社会的发展规律，更为高校思想政治教育提供了科学的世界观和方法论，使得教育过程更加具有系统性、科学性和前瞻性。

一是马克思主义理论为高校思想政治教育提供了科学的世界观。马克思主义世界观是以辩证唯物主义和历史唯物主义为核心的科学世界观，它揭示了自然界、社会和思维发展的普遍规律。在高校思想政治教育中，引入马克思主义世界观，有助于学生正确地认识世界、理解社会、分析问题，通过引导学生学习马克思主义关于社会存在与社会意识、生产力与生产关系、经济基础与上层建筑等的基本观点，帮助学生把握社会现象背后的本质，理解社会发展的必然趋势，从而树立科学的世界观。

二是马克思主义理论为高校思想政治教育提供了科学的方法论。方法论是指导人们如何认识世界和改造世界的根本方法。马克思主义方法论主要包括辩证唯物主义和历史唯物主义的方法论，这些方法论为我们提供了认识世界和改造世界的科学工具。在高校思想政治教育中，运用马克思主义方法论，帮助学生形成科学的思维方式，提高分析问题和解决问题的能力。例如，通过引导学生运用辩证思维来分析和解决现实问题，帮助学生把握事物的矛盾运动，认清事物的本质和规律；通过引导学生运用历史唯物主义的方法来研究社会现象，帮助学生理解社会发展的历史进程和必然趋势。

（二）马克思主义理论为高校思想政治教育指明了培养目标和方向

在高校思想政治教育的实践中，马克思主义理论始终发挥着至关重要的引领作用，为教育指明了清晰的培养目标和方向，这不仅体现了马克思主义的时代价值，也为高校学生的全面成长和未来发展奠定了坚实的基础。

一是马克思主义理论强调人的全面发展，这为高校思想政治教育的培养目标提供了明确的指引。在马克思主义看来，人的全面发展不仅包括知识、技能的提升，更包括思想道德、心理素质、身体素质等方面的综合发展。因此，高校思想政治教育应该致力于培养学生的综合素质，使其具备适应社会发展的全面能力，通过系统的马克思主义理论教育，学生能深入理解人类社会的发展规律，树立正确的世界观、人生观和价值观，形成健全的人格和道德品质。

二是马克思主义理论为高校思想政治教育指明了培养方向。在当代中国，高校作为培养社会主义建设者和接班人的重要阵地，必须坚持以马克思主义为指导，确保思想政治教育的正确方向。马克思主义理论揭示了社会主义的本质特征和优越性，强调了人民群众的历史主体地位，这为高校思想政治教育指明了培养方向。具体来说，就是要培养具有坚定理想信念、高度社会责任感、强烈创新意识、良好道德品质的社会主义建设者和接班人。他们应该具备为国家和人民服务的奉献精神，具备勇于探索、敢于创新的科学精神，具备团结协作、互助友爱的道德精神。

三是马克思主义理论还为高校思想政治教育提供了丰富的教育资源和教育素材。通过学习马克思主义经典著作和理论观点，学生深入了解社会主义革命、建设和改革的历程，了解中国共产党领导人民进行革命、建设和改革的光辉历程和宝贵经验。这些宝贵的教育资源能激发学生的爱国热情和社会责任感，增强他们的历史使命感和时代责任感。

（三）马克思主义理论为高校思想政治教育提供了丰富的教育内容和资源

在高校思想政治教育的实践中，马克思主义理论如同一座宝库，为教育提供了丰富的教育内容和资源，这些内容和资源不仅为高校思想政治教育提供了科学的理论支撑，也为其注入了鲜活的时代气息，使得教育过程更加生动、具体和富有成效。马克思主义理论是一个博大精深的理论体系，涵盖了哲学、政治经济学、科学社会主义等领域，高校思想政治教育可从中吸取大量的教育资源。例如，马克思主义哲学为学校思政教育提供了辩证唯物主义和历史唯物主义的基本原理，这些原理帮助学生正确认识世界、理解社会、分析问题。通过学习马克思主义哲学，学生能够掌握科学的思维方法，提高分析问题和解决问题的能力。

同时，马克思主义政治经济学揭示了资本主义经济运行的规律和矛盾，提供了深刻的经济视角和分析工具。在高校思想政治教育中，应引导学生学习政治经济学的基本原理，了解资本主义经济制度的本质和局限性，以及社会主义市场经济的特点和优势。这样，学生能更好地理解国家的经济政策和方针，培养自己的经济意识和经济素养。在科学社会主义方面，马克思主义指明了人类社会发展的方向和道路。在高校思想政治教育中，应引导学生学习科学社会主义的基本原理和理论，了解社会主义的本质特征和优越性，以及中国特色社会主义的发展历程和成就，使学生坚定不移地走中国特色社会主义道路，为国家的繁荣富强贡献自己的力量。除了以上几个方面的教育资源，马克思主义理论还提供了丰富的历史素材和经典著作，通过学习马克思主义经典著作，学生可深入了解马克思主义的发展历程和思想精髓，增强对马克思主义理论的理解和认同；同时这些经典著作也为学生提供了丰富的思考材料，激发了他们的思考和创新能力。

马克思主义理论是高校思想政治教育的理论基础和指导思想，它不仅为高校思想政治教育提供了科学的世界观和方法论，指明了培养目标和方向，还提供了丰富的教育内容和资源。在当代中国，高校必须坚持以马克思主义为指导，加强思想政治教育工作，确保学生的全面发展和社会主义现代化建设的顺利进行。同时，也要不断推进思想政治教育学科的发展和创新，以适应时代的发展和社会的需求。

二、中国特色社会主义理论体系

在探讨高校思想政治教育的理论基础时，中国特色社会主义理论体系是不可或缺的重要组成部分。这一理论体系是在改革开放和社会主义现代化建设的伟大实践中，在继承和发展马克思列宁主义、毛泽东思想的基础上形成的，是马克思主义中国化的最新成果，为高校思想政治教育提供了科学的指导思想和行动指南。

（一）理论体系为高校思想政治教育提供了科学的指导思想

在当代中国，高校作为培养社会主义建设者和接班人的重要阵地，其思想政治教育工作的质量和效果直接关系到国家的未来和民族的命运。而中国特色社会主义理论体系，作为马克思主义中国化的最新理论成果，为高校思想政治教育提供了科学的指导思想。

一是中国特色社会主义理论体系强调了思想政治教育的根本任务。这一理论体系明确指出，思想政治教育要培养有理想、有道德、有文化、有纪律的社会主义新人，为社会主义现代化建设提供有力的人才保障。这一根本任务的确立，为高校思想政治教育指明了方向，使其更加具有针对性和实效性。

二是中国特色社会主义理论体系为高校思想政治教育提供了科学的理论支撑。这一理论体系包含了丰富的思想观点和理论成果，如社会主义核心价值观、中国梦等，这些都成为高校思想政治教育的宝贵资源。通过学习这些理论成果，学生深入理解中国特色社会主义的本质和特征，增强对社会主义制度的认同感和归属感。同时，这些理论成果还为高校思想政治教育提供新的视角和方法，使其更加符合时代发展和学生需求。

三是中国特色社会主义理论体系注重实践性和创新性。这一理论体系是在改革开放和社会主义现代化建设的伟大实践中，在继承和发展马克思列宁主义、毛泽东思想的基础上形成的，具有鲜明的实践性和创新性。在高校思想政治教育中，要注重将理论与实践相结合，引导学生将所学知识运用到实践中，通过实践来检验和巩固所学知识，同时还要注重培养学生的创新精神和实践能力，鼓励他们积极参与社会实践和志愿服务活动，将所学知识转化为服务社会和人民的实际行动。

四是中国特色社会主义理论体系强调了学生的主体地位。这一理论体系认为，学生是高校思想政治教育的主体，他们的思想观念和价值取向直接影响到国家的未来和民族的命运。因此，在高校思想政治教育中，要充分尊重学生的主体地位，激发他们的学习热情和主动性，引导他们树立正确的世界观、人生观和价值观。

（二）理论体系为高校思想政治教育提供了丰富的教育内容

中国特色社会主义理论体系，作为马克思主义中国化的最新理论成果，不仅为高校思想政治教育提供了科学的指导思想，更为其提供了丰富而深刻的教育内容。这一理论体系涵盖了政治、经济、文化、社会等领域，为高校思想政治教育提供了广阔的教育空间和科学的理论支撑。

一是中国特色社会主义理论体系中的政治理论为高校思想政治教育提供了坚实的政治基础，它强调了坚持党的领导、人民当家作主、依法治国有机统一，以及坚持和发展中国特色社会主义的总任务、总目标、总布局、总要求等。这些政治理论不仅帮助学生树立正确的政治方向，还引导他们深入理解中国特色社会主义的政治制度、政治体制和政治生活，增强他们的政治认同感和归属感。

二是中国特色社会主义理论体系中的经济理论为高校思想政治教育提供了丰富的经济教育内容，它揭示了社会主义市场经济的本质和规律，强调了坚持和完善社会主义基本经济制度、深化供给侧结构性改革、推动经济高质量发展等。通过学习这些经济理论，学生能够了解我国经济发展的现状和趋势，认识经济与社会发展的相互关系，培养正确的经济观念和经济素养。

三是中国特色社会主义理论体系中的文化理论为高校思想政治教育提供了丰富的文化资源，它强调文化自信、文化强国建设、社会主义核心价值观等。这些文化理论不仅帮助学生了解中华优秀传统文化的博大精深和时代价值，还引导他们树立正确的文化观念和文化自信，促进他们的全面发展。

四是中国特色社会主义理论体系中的社会理论为高校思想政治教育提供了深刻的社会教育内容，它强调了坚持人民至上、促进社会公平正义、构建和谐社会等，这些社会理论不仅帮助学生了解社会发展的现状和趋势，还引导他们关注社会问题、参与社会实践，培养他们的社会责任感。

（三）理论体系为高校思想政治教育提供了实践指导

中国特色社会主义理论体系，不仅为高校思想政治教育提供了科学的指导思想和丰富的教育内容，更为其提供了实践指导。这一理论体系紧密结合中国实际，为高校思想政治教育提供了切实可行的操作路径和方法，使教育更加贴近实际、贴近生活、贴近学生。

一是中国特色社会主义理论体系强调实践的重要性，为高校思想政治教育提供了实践导向。它要求高校思想政治教育不仅要注重理论知识的传授，更要注重实践能力的培养。通过组织学生参与社会实践、志愿服务等活动，让学生在实践中学习、在实践中成长，从而更好地理解和应用所学理论。这种实践导向的教育方式，有助于学生将理论知识转化为实际行动，提高他们的实践能力和社会责任感。

二是中国特色社会主义理论体系中的具体政策和方针，为高校思想政治教育提供了实践指导。在思想政治教育中，引导学生关注国家的大政方针和时事政策，了解国家的发展目标和战略部署。同时，结合学生的实际情况，开展有针对性的教育活动，如组织学习党的历史、参观红色教育基地等，让学生深入了解党的光辉历程和伟大成就，增强他们的爱国情感和使命感。

三是中国特色社会主义理论体系还强调创新的重要性，为高校思想政治教育提供了创新思路和方法。它要求高校思想政治教育要紧跟时代步伐，不断创新教育内容和形式，以满足学生的多样化需求。例如，运用现代信息技术手段，如互联网、大数据等，开展线上教育、远程教学等新型教育模式，提高教育的覆盖率和有效性。同时，结合学生的兴趣爱好和专业特点，开展丰富多彩的文化活动、科技竞赛等，让学生在参与中感受教育的魅力。

四是中国特色社会主义理论体系为高校思想政治教育提供了评价标准和反馈机制。它要求高校要建立健全思想政治教育的评价体系，对学生的思想政治素质进行客观、全面的评价。同时，还要建立反馈机制，及时了解学生的思想动态和教育效果，为改进教育方法提供依据，这种评价标准和反馈机制有助于高校更好地把握教育方向、提高教育质量。

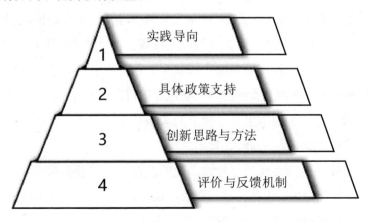

图1-1　高校思政教育实践指导

中国特色社会主义理论体系为高校思想政治教育提供了科学的指导思想、丰富的教育内容与实践指导。在当代，中国高校作为培养社会主义建设者和接班人的重要阵地，必须坚持以中国特色社会主义理论体系为指导，加强思想政治教育工作。通过系统学习中国特色社会主义理论体系，帮助学生树立正确的世界观、人生观和价值观，培养他们的爱国情怀和社会责任感，激发他们的创新精神和奋斗精神。同时，还要注重将理论与实践相结合，培养学生的实践能力和创新精神，为实现国家的繁荣富强贡献自己的力量。

三、党的教育方针与政策

党的教育方针与政策，作为中国特色社会主义教育事业的指导原则和行动指南，对于高校思想政治教育具有重要的引领和规范作用。在教育实践中，必须深入理解和贯彻党的教育方针与政策，确保思想政治教育沿着正确的方向前进，从而为实现中华民族伟大复兴的中国梦提供坚实的思想保证和人才支持。

（一）党的教育方针与政策的核心要义

党的教育方针与政策的核心要义，集中体现了新时代我国教育事业发展的根本方向和根本任务，为高校思想政治教育提供了明确的指导和要求。以下是这一核心要义的详细阐述。

第一，坚持党的领导。党的教育方针与政策明确指出，党的领导是教育事业发展的根本保证，这一要求在高校思想政治教育中体现为坚持党对教育工作的全面领导，确保教育方向正确、目标任务明确。通过加强党对教育工作的领导，能够确保高校思想政治教育始终坚持社会主义方向，培养社会主义建设者和接班人。

第二，立德树人。党的教育方针与政策强调，教育的根本任务是立德树人，这意味着高校思想政治教育不仅要传授学生知识，更要注重培养学生的道德品质、科学精神、人文素养和实践能力。通过加强德育、智育、体育、美育和劳动教育等方面的教育，帮助学生形成健全的人格和全面的能力，成为有社会责任感、创新精神和实践能力的新时代青年。

第三，服务社会主义现代化建设。党的教育方针与政策明确指出，教育必须为社会主义现代化建设服务。这一要求在高校思想政治教育中体现为培养具有社会责任感、创新精神和实践能力的人才，为社会主义现代化建设提供有力的人才支撑。通过加强对学生社会责任感和创新精神的培养，帮助学生更好地理解社会、服务社会，为实现中华民族伟大复兴的中国梦贡献力量。

第四，坚持马克思主义指导地位。党的教育方针与政策强调，马克思主义是指导思想的理论基础，在高校思想政治教育中，要坚持马克思主义的指导地位，用马克思主义理论武装学生头脑，帮助他们树立正确的世界观、人生观和价值观。通过加强马克思主义理论教育，帮助学生更好地认识世界、改造世界，为实现共产主义远大理想而奋斗。

（二）党的教育方针与政策在高校思想政治教育中的体现

党的教育方针与政策在高校思想政治教育中得到了全面而深入的体现。一是高校思想政治教育始终坚持马克思主义的指导地位，确保教育内容符合社会主义核心价值观，引导学生树立正确的世界观、人生观和价值观。通过开设马克思主义理论课程，加强对学生的思想政治理论教育，使学生能够深入理解中国特色社会主义理论体系的内涵和实质。二是高校思想政治教育注重培养学生的社会责任感和实践能力，在教育过程中鼓励学生关注国家大事、关心民族命运，积极参与社会实践和志愿服务活动，将所学知识应用于解决实际问题，培养学生的创新精神和团队协作精神。三是党的教育方针与政策还强调教育的公平性和普及性。高校思想政治教育通过扩大教育覆盖面、提高教育质量，确保每个学生都能够享受到优质的教育资源，实现教育的公平发展。同时注重培养学生的综合素质，促进学生的全面发展，为社会培养更多具有创新精神和实践能力的高素质人才。

（三）贯彻党的教育方针与政策的具体措施

为了深入贯彻党的教育方针与政策，确保高校思想政治教育的质量和效果，需要采取一系列具体措施。

一是加强思想政治教育课程建设。确保马克思主义理论课程在课程体系中的核心地位，不断优化课程内容和教学方法，使学生能够系统学习马克思主义理论，树立正确的世界观、人生观和价值观。

二是提升教师队伍素质。加大对教师的培训力度，提高教师的思想政治素质和业务能力，确保教师能够胜任思想政治教育工作，成为学生的引路人和指导者。

　　三是推进校园文化建设。营造积极向上的校园文化氛围，通过举办各类文化活动、讲座和论坛等，丰富学生的精神生活，培养学生的审美情趣和人文素养。

　　四是强化社会实践教育。组织学生参与社会实践和志愿服务活动，让学生在实践中了解社会、认识国情、增长才干，增强社会责任感和实践能力。

　　五是优化教育资源配置。加大对高校思想政治教育工作的投入，并确保教育资源的合理配置和有效利用，提高教育质量和效益。

图1-2　贯彻党的教育方针与政策的具体措施

　　党的教育方针与政策为高校思想政治教育提供了重要的指导原则和行动指南，在教育中要深入理解和贯彻这一方针与政策的核心要义，确保其得到全面体现和有效贯彻。通过加强思想政治课程建设、师资队伍建设、校园文化建设和社会实践等具体措施，更好地实现高校思想政治教育的根本任务，为培养德智体美劳全面发展的社会主义建设者和接班人做出积极贡献。同时也要不断总结经验、创新方法、提高质量，推动高校思想政治教育事业不断向前发展。

第三节　高校思想政治教育的目标与任务

一、高校思想政治教育的总体目标

高校思想政治教育的总体目标，是开展思想政治教育工作的根本指针。它明确了高校在培养社会主义建设者和接班人过程中的思想政治教育方向，是确保高等教育事业沿着正确方向前进的重要保障。

（一）培养德智体美劳全面发展的社会主义建设者和接班人

在高校思想政治教育的宏伟蓝图中，培养德智体美劳全面发展的社会主义建设者和接班人是一项核心任务，这一目标的实现，不仅关乎学生的个人成长，更与国家的未来息息相关。德育为先是高校思想政治教育的重要基石，注重培养学生的道德品质，让他们具备高尚的道德情操和良好的行为习惯。同时也不忘智育，通过系统的知识传授，帮助学生构建扎实的学术基础，培养他们的创新精神和批判性思维。体育教育同样不可忽视，应鼓励学生积极参与体育锻炼，增强体质，磨炼意志，培养团队合作精神。此外，美育也是教育中不可或缺的一部分，通过各种艺术活动，培养学生的审美情趣和人文素养。劳动教育则是连接理论与实践的桥梁。引导学生参与各种实践活动，让他们在劳动中体验价值，增强社会责任感。通过劳动，学生不仅能够掌握技能，还能深刻理解劳动的价值和意义，为未来的职业生涯打下坚实的基础。

（二）提升学生的思想政治素质

在高等教育的宏大版图中，提升学生的思想政治素质是思想政治教育工作的核心目标之一，这一目标的实现不仅关乎学生个人的全面发展，更对国家和社会的未来具有深远影响。可从以下三方面着手，提升学生的思想政治素质。

一是要加强马克思主义理论教育。作为党的指导思想，马克思主义是认识世界、改造世界的强大武器。通过系统学习马克思主义基本原理、马克思主义中国化的理论成果，学生能够深刻理解社会主义制度的优越性，坚定中国特色社会主义道路自信、理论自信、制度自信、文化自信。

二是要注重培养学生的政治意识、大局意识、核心意识、看齐意识。"四个意识"是新时代对党员和群众提出的新要求，也是衡量一个人思想政治素质高低的重要标准。通过加强思想政治教育，引导学生关注国家大事、关心民族命运，自觉维护国家统一和民族团结，坚定拥护党的领导，积极投身社会主义现代化建设。

三是加强学生的国家意识、民族意识、文化自信和法治观念。通过举办主题教育、开展校园文化活动等，让学生深入了解国家的历史、文化和法律法规，增强他们的国家认同感和民族自豪感。同时加强法治教育，引导学生树立正确的法治观念，自觉遵守法律法规，维护社会公平正义。

（三）促进学生全面发展

在高等教育领域，促进学生全面发展是一项至关重要的任务，这不仅关乎学生个人的未来成长，更与国家的发展、社会的进步息息相关。为了实现这一目标，需要从多个方面入手，确保学生在知识、能力、素质等维度都能得到全面提升。一是知识是全面发展的基础。高校应当提供丰富多样的课程，涵盖自然科学、社会科学、人文艺术等领域，让学生有机会接触到广泛的知识体系。同时，教师也要注重教学方法的创新，激发学生的学习兴趣和求知欲，帮助他们建立扎实的知识基础。二是能力的提升也是全面发展的关键。高校应当注重培养学生的实践能力、创新能力和团队协作能力。通过实验教学、社会实践、科研创新等方式，让学生将所学知识应用于实际问题中，提高他们解决问题的能力，同时也要加强学生的团队合作训练，培养他们的团队精神和沟通能力。三是素质的培养同样不可忽视。高校应当注重学生的思想道德素质、心理素质和身体素质的培养。通过思想政治教育、心理健康教育、体育教育等方式，让学生形成健全的人格和良好的心理素质，拥有健康的体魄和充沛的精力。四是为了实现学生的全面发展，高校还需要营造良好的校园环境，这包括建设优美的校园景观、提供完善的学习设施、举办丰富多彩的文化活动等。同时，高校也要加强与社会、企业的合作，为学生提供更多的实践机会和就业渠道。

高校思想政治教育的总体目标是一个全面而系统的目标体系，它涵盖了知识、能力、素质等方面，为了实现这一目标，需要从多个方面入手，加强课程体系建设、师资队伍建设、校园文化建设和社会实践教育等方面的工作。通过全面的教育和培养，使学生成为德智体美劳全面发展的社会主义建设者和接班人，为实现中华民族伟大复兴的中国梦贡献力量。

二、高校思想政治教育的具体目标

高校思想政治教育的具体目标是其理论基础的重要延伸，它明确了高校在思想政治教育过程中的具体要求和期望，是确保思想政治教育工作取得实效的关键所在。在当前的社会背景下，高校思想政治教育的具体目标不仅关注学生的思想政治素质提升，还涵盖了知识、能力、素质等方面的全面发展。

（一）深化思想政治理论教育，坚定理想信念

在高等教育体系中，深化思想政治理论教育，坚定学生的理想信念，是思想政治教育工作的核心任务之一。这一目标的实现不仅关乎学生个人的精神成长，更对培养社会主义建设者和接班人具有重要意义。一是深化思想政治理论教育需要系统学习马克思主义理论，特别是中国特色社会主义理论体系，这包括深入学习党的路线方针政策，理解其背后的历史逻辑、理论逻辑和实践逻辑。通过学习，使学生掌握马克思主义的立场、观点和方法，具备运用马克思主义理论分析和解决问题的能力。二是深化思想政治理论教育要注重理论联系实际，通过案例分析、社会调研等方式，让学生将理论知识与实际问题相结合，深刻理解理论的价值和意义。这样的教育方式能够使学生更加深入地理解党的路线方针政策，增强对中国特色社会主义的认同感和归属感。三是深化思想政治理论教育的目的是坚定学生的理想信念。理想信念是人生的精神支柱和动力源泉，通过深化思想政治理论教育，引导学生树立正确的世界观、人生观和价值观，坚定对共产主义的信仰和对中国特色社会主义的信心，这样的理想信念能够使学生在面对困难和挑战时，保持坚定的立场和正确的方向。

（二）强化实践能力培养，提升综合素质

在高等教育的育人体系中，强化实践能力培养，提升综合素质，是培养学生成为全面发展人才的关键环节，这一目标的实现，不仅有助于增强学生的实际操作能力，还能在实践中培养学生的创新思维和团队协作精神。一是强化实践能

力培养需要高校为学生提供丰富的实践机会，这包括实验教学、社会实践、科研创新等。通过这些实践活动，学生能够将课堂上学到的理论知识应用到实际问题中，加深对知识的理解和记忆，同时提升解决实际问题的能力。二是提升综合素质需要注重培养学生的多方面能力，除了专业知识，高校还应注重培养学生的团队协作、沟通交流、组织管理等能力。这些能力对于学生未来的职业发展和个人成长都至关重要，通过参与各种实践活动和比赛，学生能够锻炼自己的综合素质，提高自己的竞争力。

（三）注重道德情操教育，塑造健全人格

在高等教育的育人过程中，注重道德情操教育、塑造健全人格，是培养学生成为社会栋梁的重要一环，这不仅关乎学生个人的品德修养，更关系到整个社会的道德风尚和文明程度。

一是道德情操教育需要贯穿高等教育的始终。无论是课堂教学还是课外活动，都应注重培养学生的道德观念和行为习惯，通过讲述历史上的道德典范、分析现实生活中的道德案例，引导学生形成正确的道德判断和价值观念。

二是塑造健全人格需要注重学生的情感体验和人文关怀。高校应关注学生的内心世界，帮助他们建立健康的情感态度和良好的人际关系。通过组织心理健康教育、开展心理咨询等，帮助学生解决心理困惑，增强自我认知和自我调节能力。

三是高校还应注重培养学生的社会责任感和公民意识。通过社会实践、志愿服务等活动，让学生深入了解社会、认识国情，增强他们的社会责任感和使命感。同时，加强法治教育，引导学生遵守法律法规，成为知法、懂法、守法的好公民。

四是塑造健全人格需要注重学生的自我教育和自我完善。高校应鼓励学生进行自我反思和自我提升，通过自主学习、独立思考等，不断提高自己的道德修养和综合素质。

高校思想政治教育的具体目标是多维度、全方位的，它涵盖了思想政治理论教育、实践能力培养、道德情操教育等方面。这些目标的实现，需要高校、教师、学生和社会各方的共同努力和协作，通过深化思想政治理论教育、强化实践能力培养、注重道德情操教育等措施，全面提高学生的思想政治素质、实践能力

和综合素质，为培养德智体美劳全面发展的社会主义建设者和接班人奠定坚实基础。同时，这些目标的实现也有助于推动高校思想政治教育的创新和发展，提高思想政治教育的质量和效果。

三、高校思想政治教育的主要任务

高校思想政治教育的主要任务是培养学生成为德智体美劳全面发展的社会主义建设者和接班人。在理论教育的基础上，必须进一步明确和深化实践教育，以帮助学生更好地适应社会发展的需求，成为具有高尚品德、创新精神和实践能力的优秀人才。以下将从三个方面阐述高校思想政治教育的主要任务。

（一）传承与弘扬社会主义核心价值观

高校作为培养人才的摇篮，肩负着传承与弘扬社会主义核心价值观的重要使命，这一价值观不仅是中华民族的精神支柱，也是推动社会进步的重要力量。

一是传承与弘扬社会主义核心价值观需要高校将其融入日常教育教学中。通过开设相关课程、举办讲座和研讨会，系统阐述社会主义核心价值观的深刻内涵和实践要求，使学生从思想上深刻理解并认同这一价值观。

二是高校要营造良好的校园文化氛围，让学生在潜移默化中受到社会主义核心价值观的熏陶。通过举办丰富多彩的校园文化活动，如主题征文、文艺演出、志愿服务等，引导学生积极参与，感受社会主义核心价值观的实际意义和时代价值。

三是高校应加强与社会的联系，引导学生将社会主义核心价值观融入社会实践。通过组织学生参与社会调查、志愿服务、实习实训等活动，让学生在实践中体验社会主义核心价值观的引领作用，增强社会责任感和历史使命感。

四是高校教师要以身作则，成为传承与弘扬社会主义核心价值观的表率。他们不仅要在课堂上传授知识，更要在日常生活中践行社会主义核心价值观，为学生树立榜样。

（二）培养学生的创新精神和实践能力

在当今快速发展的社会中，培养学生的创新精神和实践能力已成为高等教育的重要任务，这不仅关乎学生个人的成长和发展，更对国家和民族的未来具有深远影响。

一是培养学生的创新精神需要从教育理念上入手。高校应鼓励学生敢于质疑、勇于探索，培养学生的批判性思维和独立思考能力，在教学过程中，教师应注重引导学生发现问题、分析问题、解决问题，而不是简单地灌输知识。

二是实践教学是培养学生实践能力的重要途径。高校应增加实践教学的比重，让学生有更多的机会参与实际操作和实践活动。通过实验教学、课程设计、社会实践等环节，学生深入了解理论知识在实践中的应用，提高自己的实践能力和解决问题的能力。同时高校还应注重实践教学的质量，确保学生能够在实践中真正学到东西。

三是培养学生的创新精神和实践能力还需要注重学生的自主学习和团队合作。高校应鼓励学生自主学习，培养学生的自主学习能力和终身学习意识，同时，还应注重培养学生的团队合作能力，让学生在团队中学会协作、沟通和分享，提高自己的综合素质和竞争力。

（三）加强学生的心理健康教育与引导

在快速发展的社会环境中，学生面临着日益复杂的心理压力和挑战，因此，加强学生的心理健康教育与引导显得尤为重要，这不仅有助于学生的个人成长，也是保障学生身心健康、促进社会和谐稳定的必要举措。

一是高校应建立健全心理健康教育体系。通过开设心理健康教育课程、建立心理咨询中心等，为学生提供系统的心理健康教育服务。这些课程和服务应涵盖心理健康知识普及、心理调适方法学习、心理危机干预等方面，帮助学生树立正确的心理健康观念，掌握有效的心理调适方法。

二是高校应加强对学生的心理健康监测和评估。通过定期的心理测试、问卷调查等，了解学生的心理健康状况，及时发现和解决学生的心理问题。对于存在心理问题的学生，高校应提供个性化的心理咨询和辅导服务，帮助他们走出心理困境，恢复心理健康。

三是高校应注重培养学生的自我认知能力。通过引导学生了解自己的性格特点、兴趣爱好、能力优势等，帮助学生建立自信心和自尊心，增强自我调控能力。此外，高校还应加强学生的情绪管理教育，帮助学生学会合理表达情绪、调节情绪，避免情绪失控对学习和生活造成不良影响。

四是高校还应加强心理健康教育与引导的实践环节。通过组织心理健康教育主题活动、开展心理健康知识竞赛等，让学生在参与中感受心理健康的重要性，提高自我保护能力和自我救助能力。同时，高校还应鼓励学生参与心理健康志愿服务活动，让学生在帮助他人的过程中实现自我价值，提升社会责任感。

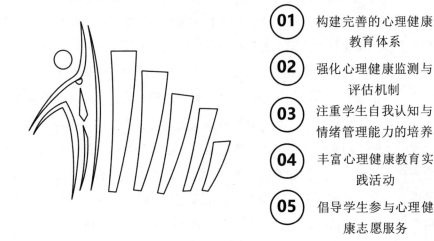

01 构建完善的心理健康教育体系

02 强化心理健康监测与评估机制

03 注重学生自我认知与情绪管理能力的培养

04 丰富心理健康教育实践活动

05 倡导学生参与心理健康志愿服务

图1-3　加强学生的心理健康教育与引导策略

高校思想政治教育的主要任务涵盖了传承与弘扬社会主义核心价值观、培养学生的创新精神和实践能力及加强学生的心理健康教育与引导等。这些任务的实现需要高校、教师、学生和社会各方的共同努力和协作。通过加强理论教育和实践教育相结合的教学方式，丰富教学内容及教育形式等，全面提高学生的包括思想政治素质、创新精神和实践能力及心理素质等在内的综合素质。同时，这些任务的实现也有助于推动高校思想政治教育的创新和发展，提高思想政治教育的质量和效果。

四、高校思想政治教育的工作内容

高校思想政治教育的工作内容，是实现其教育目标、完成其教育任务的具体体现，它涵盖了理论教育、价值引领、道德培育、实践锻炼和心理健康教育等，旨在全方位、多层次地塑造学生的思想政治素质，培养符合社会主义核心价值观的优秀人才。

（一）深化理论教育，筑牢思想基础

在高校思想政治教育中，深化理论教育是至关重要的一环，它为学生筑牢了坚实的思想基础。理论教育不仅是传授知识的过程，更是引导学生形成正确世界观、人生观和价值观的关键途径。一是深化理论教育需要系统性和全面性的支持。高校应建立完备的课程体系，涵盖马克思主义基本理论、中国特色社会主义理论体系等内容，确保学生全面掌握思想政治理论的核心要义。同时，课程内容的更新和深化也至关重要，要紧跟时代步伐，及时将新的理论成果和实践经验纳入教学之中。二是教学方法的创新是提高理论教育效果的关键。传统的灌输式教学已无法满足现代学生的需求，高校应积极探索互动式、启发式、案例式等教学方法，激发学生的学习兴趣和主动性。通过组织学生参与讨论、进行案例分析、开展社会调查等活动，让学生在实践中学习、思考、领悟，提高理论教育的针对性和实效性。三是加强师资队伍建设也是深化理论教育的重要保障。高校应重视教师的培养和引进，提高教师的思想政治素质和业务能力，同时鼓励教师开展科研活动，将科研成果转化为教学资源，丰富教学内容和形式。

（二）强化价值引领，树立正确价值观

在当今多元化、信息化的社会环境中，高校作为育人的重要阵地，必须强化价值引领，帮助学生树立正确的价值观，这不仅关系到学生个人的成长和发展，更对社会和谐稳定具有深远影响。

一是强化价值引领需要明确社会主义核心价值观的引领作用。社会主义核心价值观是当代中国的精神旗帜，它凝聚了全国各族人民的共同价值追求，高校应将其作为思想政治教育的核心内容，贯穿教育教学的全过程。通过课堂讲授、专题讲座、校园文化活动等形式，深入解读社会主义核心价值观的内涵和要义，引导学生深刻理解并认同这一价值观。

二是强化价值引领需要注重实践教育。实践是检验真理的唯一标准，也是帮助学生树立正确价值观的重要途径。高校应组织学生参与社会实践、志愿服务、实习实训等，让学生在实践中感受社会主义核心价值观的引领作用。通过亲身体验和感悟，学生能够更加深刻地理解并认同这一价值观，将其内化为自己的行为准则。

三是强化价值引领还需要注重榜样示范。高校应发掘和培育一批具有高尚品德、优秀才能和突出贡献的先进典型，发挥他们的榜样示范作用。这些先进典型

可以是教师、学生、校友或社会人士，他们的事迹和精神能够激励和引导学生树立正确的价值观，追求更高的精神境界。

四是强化价值引领需要建立长效机制。高校应制定相关政策和制度，将价值引领纳入教育教学、学生管理、校园文化建设等方面。

（三）注重道德培育，塑造健全人格

道德不仅是行为的准则，更是内心的追求和修养的体现。在高校教育中，道德培育是不可或缺的一环，它对于塑造学生健全的人格具有重要意义。一是道德培育需要从教育内容上着手。高校应开设相关的道德课程和讲座，让学生系统学习道德规范、道德原则及道德实践方法。这些课程应紧密结合社会实际，引导学生深入思考道德问题，形成正确的道德观念。二是道德培育需要注重实践教育。高校应组织学生参与各种道德实践活动，如志愿服务、社区服务等，让学生在实践中感受道德的力量，体验道德行为带来的满足感和成就感。这些实践活动能够帮助学生将道德知识转化为道德行为，形成稳定的道德习惯。三是高校还应注重校园文化建设，营造良好的道德氛围。通过举办道德主题讲座、开展道德知识竞赛、表彰道德模范等活动，让学生在校园中感受到道德的存在和力量，形成崇尚道德、追求道德的良好风尚。四是道德培育需要发挥教师的榜样作用。高校教师应以身作则，注重自身道德修养和道德实践，为学生树立良好的道德榜样。教师的言行举止、道德品质都会对学生产生深远的影响，因此教师应注重自身道德修养的提升，成为学生道德成长的引路人。

高校思想政治教育的工作内容是一个系统工程，需要全方位、多层次地展开。通过深化理论教育、强化价值引领、注重道德培育等方面的努力，全面提高学生的思想政治素质，培养符合社会主义核心价值观的优秀人才。同时，高校思想政治教育还需要不断创新教育方法、拓展教育途径、提高教育质量，以更好地适应时代发展的需要，为实现中华民族伟大复兴的中国梦贡献力量。

第二章　高校思想政治教育的课程体系

第一节　思想政治理论课程设计

一、必修课程与选修课程

思想政治教育，作为高等教育的重要组成部分，其目的在于培养大学生正确的世界观、人生观和价值观，提升其思想政治素质和道德水平。在当前多元化、复杂化的社会背景下，加强和改进高校思想政治教育工作，对于培养德智体美劳全面发展的社会主义建设者和接班人具有重要意义。

（一）思想政治教育的内涵与外延

思想政治教育的内涵深远且广泛，它不仅是对马克思主义基本理论的系统学习和深刻理解，更是对个人思想道德、政治觉悟及心理素质的全面培育和提升。作为一种知识体系，思想政治教育致力于向学生传授正确的世界观、人生观和价值观，引导其形成健康、积极、向上的精神状态和人生追求。

随着社会的不断进步和时代的不断发展，思想政治教育的外延也在不断拓展，它不再局限于传统的课堂讲授和理论灌输，而是更加注重与实践相结合、与现实生活相衔接。这包括对于社会主义核心价值观的深入解读与广泛传播、对于法治观念的普及与教育，以及对于网络素养的培养与提升。通过这些内容的教育和引导，使学生能够在日常生活中践行社会主义核心价值观，增强法治意识，提高网络素养，成为具有社会责任感、公民意识和道德修养的新时代青年。同时，思想政治教育也涉及对于历史、文化、哲学、心理学等学科领域的融合和贯通，它要求学生不仅要掌握基本的思想政治理论知识，还要具备跨学科的思考能力和综合素质。

（二）思想政治教育在高校课程体系中的地位

思想政治教育在高校课程体系中占据着举足轻重的地位，它不仅是学生综合素质培养的重要组成部分，更是塑造学生健全人格、树立正确价值观念的关键环节。一是思想政治教育是高等教育的灵魂。它贯穿于学生大学的学习生活中，通过系统的理论学习和实践活动，引导学生树立正确的世界观、人生观和价值观，这种教育对于培养学生的社会责任感、国家意识和公民意识具有不可替代的作用。二是思想政治教育是其他学科学习的基础。只有具备了正确的政治立场和思想观念，学生才能更好地理解和运用其他学科的知识；同时，思想政治教育也能够为其他学科提供思想方法和理论指导，促进学生全面发展。三是思想政治教育也是高校文化传承和创新的重要载体。它承载着中华优秀传统文化的精髓，同时也反映了当代中国的时代精神和文化追求。通过思想政治教育，学生深入了解中国的历史和文化，增强文化自信，为传承和弘扬中华优秀传统文化做出贡献。

图2-1　思想政治教育在高校课程体系中的地位

（三）思想政治理论课程设置的原则

在构建高校思想政治理论课程体系时，应遵循以下原则。

第一，科学性原则。课程内容必须基于马克思主义理论的基本原理，准确反映党的路线、方针和政策，遵循学生认知发展的规律，科学设计教学内容和难度，确保学生能够系统掌握思想政治理论知识。

第二，系统性原则。课程设计应体现从基础到深入、从理论到实践的层次性，构建完整的知识体系。横向各课程之间应相互配合，避免内容重复，形成有机统一的整体。

第三，针对性原则。针对不同年级、不同专业的学生，设计符合其特点和需求的思想政治理论课程，注重因材施教，结合学生的实际情况和兴趣点，提高课程的吸引力和实效性。

第四，创新性原则。在继承优良传统的基础上，不断探索新的教学方法和手段，如多媒体教学、网络教学等，鼓励教师创新教学内容和形式，引入新的教学理念和案例，激发学生的学习兴趣和热情。

第五，实践性原则。强调理论与实践相结合，注重培养学生的实践能力和创新精神，通过社会实践、志愿服务等活动，让学生将所学知识运用到实际生活中，增强思想政治教育的实效性。[①]

思想政治教育作为高校教育的重要组成部分，其课程体系的设计对于培养学生的思想政治素质和道德水平具有重要意义。通过遵循科学性、系统性、针对性、创新性和实践性等原则，构建一个既符合时代要求又贴近学生实际的思想政治理论课程体系，为培养德智体美劳全面发展的社会主义建设者和接班人提供有力保障。

二、课程结构与内容体系

随着时代的进步和社会的发展，高校思想政治教育课程体系的建设日益受到重视，一个科学合理的课程结构与内容体系，不仅有助于学生全面系统地掌握思想政治理论知识，更能有效提升学生的思想政治素质和道德水平。因此，构建完善的高校思想政治理论课程结构与内容体系，对于推动高校思想政治教育工作具有重要意义。

（一）课程结构的合理性

高校思想政治理论课程的设计应体现层次性、连贯性和完整性。一是课程结构应从基础到深入、由易到难，逐步引导学生深入理解思想政治理论的核心要义；二是各门课程之间应相互衔接，形成有机整体，避免内容重复和脱节；三是

① 赵雪. 新时期化工院校思政辅导员工作技巧探析——评《高校辅导员思想政治教育实践探索》[J]. 塑料工业，2022, 50(12): 184-184.

课程结构应满足学生个性化发展的需求，为学生提供多样化的学习选择。在构建课程结构时，应遵循以下原则：一是注重基础课程的建设，为学生打下坚实的理论基础；二是加强专业课程的建设，提高学生的专业素养；三是开设选修课程，满足学生的个性化需求，同时还应注重课程的实践性和创新性，通过实践教学和案例分析等方式，加深学生对理论知识的理解和应用。

（二）内容体系的丰富性

高校思想政治理论课程的内容体系应涵盖广泛的知识领域，包括马克思主义基本原理、中国特色社会主义理论体系、中国近现代史纲要、思想道德修养与法律基础等，同时还应根据时代发展和学生需求，不断更新和拓展课程内容。高校思想政治理论课程在构建内容体系时，注重以下五个方面：一是加强马克思主义基本原理的教学，帮助学生掌握马克思主义的世界观和方法论；二是深入解读中国特色社会主义理论体系，引导学生理解中国特色社会主义的历史必然性和实践要求；三是加强中国近现代史纲要的教学，帮助学生了解中国近代以来的历史变迁和发展趋势；四是注重思想道德修养与法律基础的教学，增强学生的道德素质和法治意识；五是注重将课程内容与社会实践相结合，通过社会实践、志愿服务等活动，让学生将所学知识运用到实际生活中去，增强思想政治教育的实效性。[①]

高校思想政治理论课程的课程结构与内容体系是高校思想政治教育的重要组成部分，一个科学合理的课程结构与内容体系，能够帮助学生全面系统地掌握思想政治理论知识，提高思想政治素质和道德水平。因此，在构建高校思想政治理论课程的课程结构与内容体系时，应注重合理性、丰富性和实践性，以满足学生的学习需求和发展要求，同时还应不断探索和创新教学方法和手段，提高课程的教学质量及效果。

三、课程特色与创新点

在高等教育体系中，思想政治理论课程承载着传承马克思主义理论、弘扬社会主义核心价值观的重要使命，需要与时俱进、不断创新，以适应新时代对人才培养的新要求。下面将深入探讨高校思想政治理论课程的特色与创新点，以期为

---

① 王琦 . 生态文明观视域下大学生思想政治教育路径探析 [J]. 环境工程 , 2022, 40(3): 10024-10025.

提升课程质量、增强教育实效提供参考。

（一）课程内容的时代性与前瞻性

随着时代的快速发展，高校思想政治理论课程的内容必须紧跟时代步伐，体现出鲜明的时代性与前瞻性，课程内容不仅要反映当前国内外形势的新变化、新特点，更要能够预测和引领未来社会的发展趋势。一是课程内容应紧贴现实，关注国家大政方针、社会热点问题，以及国际形势的新动态，使学生能够及时了解并理解时代变迁带来的挑战与机遇。同时课程内容还要结合学生实际，引导他们正确认识和把握时代潮流，增强社会责任感和历史使命感。[①]二是课程内容应具有前瞻性，在传授基础理论知识的同时要关注学科前沿动态，引入最新的研究成果和理论观点，帮助学生形成宽广的视野和长远的战略眼光。这不仅能够激发学生的学习兴趣和求知欲，还能培养他们的创新意识和批判性思维。

（二）教学方法的多样性与互动性

在高校思想政治理论课程中，教学方法的多样性与互动性对于提升教学质量和学生学习效果至关重要。一是教学方法的多样性体现在教师采用不同的教学策略和教学手段，如案例教学、情景模拟、小组讨论等，以满足不同学生的学习需求和兴趣。这些多样化的教学方法能够激发学生的学习兴趣，增强他们的参与感和体验感，使学习过程更加生动、有趣。[②]二是教学方法的互动性强调师生之间的双向交流和互动，教师应该积极引导学生参与课堂讨论，鼓励他们提出自己的观点和看法，同时给予及时的反馈和指导。这种互动的教学方式能够帮助学生深入理解课程内容，培养他们的批判性思维和表达能力，同时也能够增强师生之间的情感联系和信任感。

高校思想政治理论课程的特色与创新点主要体现在课程内容的时代性与前瞻性及教学方法的多样性与互动性两个方面。通过不断更新和修订课程内容、引入前沿研究成果、加强与社会的联系及采用多样化的教学方法和注重师生互动等措施，有效提升高校思想政治理论课程的教学质量和效果，培养学生的创新精神和实践能力，为培养德智体美劳全面发展的社会主义建设者和接班人奠定坚实基

---

① 梁小池. 生态文明视野下的农业高校学生思想政治教育 [J]. 新课程研究，2023(26): 99-101.

② 韩蕊. 铸魂育人视角下高校学生思想政治教育与生态文明建设的衔接 [J]. 环境工程，2023, 41(2): 260.

础。同时，这也需要广大教育工作者不断探索和创新，为高校思想政治理论课程的改革发展贡献智慧和力量。

四、课程实施与评价

随着社会的不断进步和高等教育的深化改革，高校思想政治理论课程面临着新的机遇与挑战，为了更好地适应时代发展的需要，提升课程的吸引力和实效性，必须深入挖掘思想政治理论课程的特色，并不断探索创新点。下面将从课程内容、教学方法和评价体系三个方面，探讨高校思想政治理论课程的特色与创新点。

（一）课程内容的时代性与前瞻性

在当今这个快速发展的时代，高校思想政治理论课程的内容必须紧密跟随时代的步伐，体现出鲜明的时代性与前瞻性，这不仅是适应社会发展需求的必然要求，也是培养学生成为具有时代责任感和历史使命感的新时代青年的关键所在。

课程内容的时代性，要求在教学过程中紧密结合国内外形势的新变化、新特点，以及社会发展的新趋势、新动态。要将最新的理论成果、实践经验及时纳入教学体系，让学生在学习过程中能够深入了解并理解时代的变化，增强他们的时代感和使命感。同时，还要注重引导学生关注社会热点问题，培养他们的社会责任感和公民意识。

课程内容的前瞻性，则要求在传授基础理论知识的同时注重培养学生的创新意识和实践能力，要关注学科前沿动态，引入最新的研究成果和理论观点，帮助学生形成宽广的视野和长远的战略眼光。通过引导学生关注未来社会的发展趋势，激发他们的创新精神和探索精神，培养他们的创新能力和实践能力。此外，课程内容的前瞻性还体现在对未来社会需求的预测和引领上，要根据未来社会的发展趋势和人才需求，不断调整和优化课程内容，确保学生能够掌握适应未来社会所需的知识和技能。

（二）教学方法的多样性与互动性

在高校思想政治理论课程的教学中，教学方法的多样性与互动性对于提升学生的学习体验和教学效果至关重要。随着教育理念的更新和技术的进步，需要不断探索和创新教学方法，以满足学生的学习需求和提升教学质量。教学方法的多样性体现在采用多种教学策略和手段来激发学生的学习兴趣和积极性，除了传统的讲授法，还可以结合案例教学、小组讨论、情景模拟等多样化的教学方法，让学生在参与和体验中深入理解和掌握知识。这些方法不仅能够使课堂更加生动有趣，还能够培养学生的实践能力、团队协作能力和批判性思维能力。

教学方法的互动性则强调师生之间的双向交流和互动，教师应该积极引导学生参与课堂讨论，鼓励他们提出自己的观点和看法，并及时给予反馈和指导。这种互动的教学方式能够帮助学生深入理解课程内容，激发他们的思考能力和创新意识。同时，教师也应该关注学生的反馈和需求，及时调整教学方法和策略，以满足学生的学习需求。在互动的过程中，教师还应利用现代信息技术手段，如多媒体教学、网络教学等，为学生提供更加丰富的学习资源和便捷的学习途径。这些技术手段能够增强课堂的互动性和趣味性，提高学生的学习效率和参与度。

（三）评价体系的科学性与创新性

在高校思想政治理论课程的教学中，构建科学性与创新性并存的评价体系是确保教育质量、促进学生全面发展的关键一环。一个科学的评价体系能够全面、客观地反映学生的学习成果和成长过程，而创新性的评价则能够激发学生的积极性，推动教学改革。一是评价体系的科学性体现在评价标准的明确性和评价方法的多样性上。评价标准应明确、具体，能够全面反映学生的学习成果和综合素质。评价方法应多样化，包括定量评价和定性评价，确保评价结果的客观性和准确性，如采用闭卷考试、开卷考试、论文写作、小组讨论等方式，综合评价学生的知识掌握、能力运用和情感态度等方面。二是评价体系的创新性体现在评价方式的多样化和评价内容的拓展上，如引入自我评价、同伴评价、教师评价等多元化的评价方式，让学生参与到评价过程中来，增强他们的主体性和自主性。同时，评价内容也从传统的知识考核拓展到能力考核、素质考核等方面，以全面评价学生的综合素质。

高校思想政治理论课程的特色与创新点主要体现在课程内容的时代性与前瞻性、教学方法的多样性与互动性、评价体系的科学性与创新性三个方面，通过不断更新课程内容、采用多样化的教学方法和探索创新的评价方式，提升高校思想政治理论课程的教学质量和实效性，为学生的全面发展和成长提供有力支持。同时，也要不断总结经验教训，持续推动高校思想政治理论课程的创新与发展。

第二节　思想政治理论课程教学方法

一、传统教学方法与现代教学方法

随着教育技术的不断革新和教育理念的更新，高校思想政治理论课程的教学方法也在经历着从传统到现代的转变。传统教学方法以其深厚的理论基础和丰富的实践经验，在思想政治教育中发挥着不可替代的作用。而现代教学方法则以其灵活多样的形式和高效便捷的手段，为思想政治教育注入了新的活力。下面将探讨传统教学方法与现代教学方法的异同点，以及如何在思想政治理论课程中将二者融合，提升教学质量。

（一）传统教学方法的稳固基础与局限性

传统教学方法在高校思想政治理论课程中具有稳固的基础，这些方法（如讲授法、讨论法、问答法等）经过多年的教学实践，已经形成了完整的教学体系和深厚的理论基础。它们注重知识的系统性和完整性，能够为学生提供扎实的理论基础和丰富的知识体系。传统教学方法也强调教师的主导作用，通过教师的讲解和示范，帮助学生理解和掌握知识。然而传统教学方法也存在一定的局限性：一是它们往往过于注重知识的灌输，而忽视了学生的主体性和参与性，这种单向的教学方式容易使学生感到枯燥无味，缺乏学习兴趣和动力；二是传统教学方法的评价方式较为单一，主要依赖考试和作业等量化指标来评价学生的学习成果，难以全面反映学生的综合素质和能力。

（二）现代教学方法的创新性与挑战

现代教学方法以其创新性和先进性，为高校思想政治理论课程带来了新的活力和可能性，这些方法（如案例教学、项目式学习、情境教学、在线互动教学等）不仅注重知识的传授，更强调学生的实践能力和创新思维的培养。它们通过模拟真实情境、引入实际问题等方式，让学生在实际操作中学习和思考，极大地提高了学生的学习兴趣和参与度。然而现代教学方法也面临着一些挑战：一是技术要求较高，需要教师具备相应的信息技术能力和教学设计能力；二是实施难度大，需要教师投入更多的时间和精力进行课前准备和课后评估；三是现代教学方法对学生的自主学习能力和自律性要求较高，需要学生具备一定的自我管理和自我驱动能力。

（三）传统与现代教学方法的融合与创新

在推进高校思想政治理论课程教学改革的过程中，传统教学方法与现代教学方法的融合与创新显得尤为重要。这种融合旨在既保留传统教学方法的深厚基础，又融入现代教学方法的创新元素，以创造出更加丰富、高效的教学模式。融合传统教学方法与现代教学方法，首先要明确各自的优势与不足，传统教学方法注重知识的系统性和完整性，而现代教学方法则更强调学生的实践能力和创新思维。通过将二者结合，设计出既注重知识传授又注重能力培养的教学方案，在创新方面，要敢于尝试新的教学手段和方式。例如，利用现代信息技术（如多媒体教学、网络教学等）为传统课堂注入新的活力，同时借鉴现代教学方法中的案例分析、项目式学习等方式，让学生在实践中学习和思考，提高他们的综合素质和能力。

传统教学方法与现代教学方法各有优劣，应在继承传统教学方法的稳固基础上，积极引入现代教学方法的创新元素，推动高校思想政治理论课程教学方法的改革与创新。通过融合传统教学方法与现代教学方法，打造更加生动、有趣、高效的思想政治理论课堂，为学生的全面发展和成长提供有力支持。同时，也需要不断关注教育技术的发展和教育理念的更新，不断探索和创新教学方法，以适应时代发展的需要。

二、案例教学与实践教学

在高校思想政治理论课程的教学中，案例教学与实践教学作为两种重要的教学方法，其应用日益广泛。案例教学通过引入真实或模拟的情境，让学生在分析、讨论中深化对理论知识的理解；而实践教学则通过组织学生参与实践活动，让学生在亲身体验中感悟和掌握知识。这两种教学方法相结合，不仅丰富了教学内容，也提高了学生的学习兴趣和参与度。

（一）案例教学在思想政治理论课程中的应用

案例教学在思想政治理论课程中的应用，为传统的教学注入了新的活力，它通过引入真实或模拟的情境，让学生在具体的案例中体验、分析和讨论，从而深化对理论知识的理解和应用。一是案例教学能够帮助学生将抽象的理论知识与实际情境相结合，使学习变得更加生动和具体。通过对案例的深入剖析，学生能够更好地理解理论知识的内涵和外延，提高学习的效果。二是案例教学注重学生的参与和互动，鼓励学生发表自己的观点和看法。在案例讨论中，学生需要积极思考、互相交流，这不仅能够提高他们的分析能力和批判性思维，还能够培养他们的团队合作精神和沟通能力。三是案例教学还具有灵活性和适应性强的特点，教师根据课程内容和学生的实际情况，选择合适的案例进行教学，以满足不同学生的学习需求。同时，案例教学还与现代信息技术手段相结合，如多媒体教学、网络教学等，使教学更加生动、直观和高效。

（二）实践教学在思想政治理论课程中的实施

实践教学在思想政治理论课程中扮演着至关重要的角色，它通过亲身体验和实际操作，让学生更直观地理解和掌握知识。一是实践教学的实施能够增强学生的参与感和体验感。学生通过参与实践活动，如社会调查、志愿服务、实地考察等，能够直接接触社会现实，增强对理论知识的理解和记忆。二是实践教学有助于培养学生的实践能力和社会责任感。在实践过程中，学生需要运用所学知识解决实际问题，这不仅能够提高他们的实践能力，还能够培养他们的社会责任感，使他们更加关注社会、关心他人。三是实践教学的实施还能够促进理论与实践的有机结合。通过将理论知识与实践活动相结合，学生能够更好地理解理论知识的实际应用，提高学习的针对性和实效性。

（三）案例教学与实践教学的融合与创新

在思想政治理论课程中，案例教学与实践教学的融合与创新为教学带来了全新的视角和活力。一是二者的融合能够使学生在学习过程中实现理论与实践的无缝对接。案例教学提供了丰富的实际情境，而实践教学则提供了亲身体验的机会，两者结合，让学生既能理解理论知识，又能通过实践深化理解。二是这种融合与创新鼓励学生积极参与、主动探索。在案例分析和实践操作中，学生需要主动思考、团队合作，这不仅能够培养他们的批判性思维和团队协作能力，还能激发他们的创新精神和探索欲望。三是案例教学与实践教学的融合创新也为教师提供了更多的教学资源和手段。教师利用现代信息技术，如虚拟现实、增强现实等，能为学生创设更加真实、生动的学习环境，提高教学效果。

案例教学与实践教学作为高校思想政治理论课程中的两种重要教学方法，其应用对于提升教学质量具有重要意义。通过案例的选择与呈现、实践教学的组织与实施及二者的融合与创新，使思想政治理论课程更加生动、有趣、实用，更好地满足学生的学习需求和发展需要，同时也需要不断探索和实践新的教学方法和手段，以适应时代发展的需要。

三、多媒体与网络教学

随着信息技术的飞速发展，多媒体与网络教学已成为高校思想政治理论课程教学方法的重要组成部分。这种教学方式以其独特的优势，如资源丰富、互动性强、便捷灵活等，极大地提高了学生的学习效果。以下将详细阐述多媒体与网络教学在思想政治理论课程中的应用。

（一）多媒体教学的直观性与生动性

多媒体教学在高校思想政治理论课程中展现出了其独特的直观性与生动性，极大地丰富了教学内容，提升了学生的学习体验。一是多媒体教学通过整合多种媒介资源，如文字、图片、音频和视频等，使抽象的理论知识变得具体而直观。学生不再仅仅依赖于文字的描述，而是通过生动的图片、形象的动画和真实的视频来感知和理解知识。这种直观的教学方式有助于学生更快速地掌握知识要点，提高学习效率。二是多媒体教学具有极强的生动性，它能够将历史事件、社会现象等以生动的形式呈现出来，让学生仿佛置身其中，亲身体验并感受知识的魅力。这种身临其境的学习方式能够激发学生的学习兴趣，提高他们的学习动力，使学习过程变得更加愉快和有趣。

（二）网络教学的便捷性与互动性

随着信息技术的飞速发展，网络教学在高校思想政治理论课程中展现出了其独特的便捷性与互动性，为教学带来了全新的变革。一是网络教学的便捷性打破了传统教学的时空限制。学生不再需要固定在教室里，而是随时随地通过网络平台进行学习，无论是在家中、图书馆还是咖啡店，只要有网络连接，学生就能轻松访问教学资源，进行自主学习。这种便捷性不仅提高了学生的学习效率，还为他们提供了更加灵活的学习时间。二是网络教学的互动性为学习注入了新的活力。通过网络平台，学生与教师、同学进行实时互动交流，共同探讨问题、分享学习心得。这种互动不仅有助于学生更好地理解知识，还能培养他们的团队协作能力和沟通能力，同时教师还能通过网络平台及时了解学生的学习情况，为他们提供个性化的指导和帮助。

（三）多媒体与网络教学的融合与创新

在当今信息化教育背景下，多媒体与网络教学的融合与创新为高校思想政治理论课程带来了前所未有的教学体验。这种融合不仅集成了多媒体教学的直观性与生动性，还结合了网络教学的便捷性与互动性，为学生创造了一个更加丰富、立体的学习环境。通过网络平台，教师轻松整合多媒体教学资源，如视频、音频、动画等，使教学内容更加生动、有趣，同时学生也通过网络平台随时访问这些资源，进行自主学习和探究。在教学方式上，多媒体与网络教学的融合也催生了许多创新的教学模式。例如，教师利用虚拟现实技术模拟历史场景或社会现象，让学生在虚拟环境中亲身体验并理解相关知识；或者利用大数据分析技术对学生的学习行为进行分析，为教学提供更加精准、个性化的指导。

多媒体与网络教学作为高校思想政治理论课程教学方法的重要组成部分，以其直观性、生动性、便捷性和互动性等优点，为学生提供了更加高效、有趣的学习体验。同时，这种教学方式还具有较强的融合性和创新性，能够为教学带来更多的可能性和机遇。因此，高校应该积极探索和实践多媒体与网络教学在思想政治理论课程中的应用，为培养具有创新精神和实践能力的高素质人才贡献力量。

四、教学方法的创新与优化

在当今高等教育环境中，思想政治理论课程的教学方法正经历着不断的创新与优化，这种变革不仅是为了应对教育技术的发展，更是为了激发学生的学习兴趣，提高教学效果。教学方法的创新与优化，旨在构建更加生动、有效的教学环境，使学生能够更深入地理解和掌握思想政治理论知识，同时培养他们的创新思维和实践能力。

（一）创新教学方法，提升学生学习兴趣

在高校思想政治理论课程中，创新教学方法对于提升学生的学习兴趣至关重要，传统的讲授式教学已难以满足当代大学生的需求，因此，教师需要不断探索和创新教学方法。

一是互动式教学成为提升学习兴趣的有效途径。通过引入案例分析、小组讨论、角色扮演等形式，让学生积极参与到课堂活动中来，增强他们的学习体验。这种教学方式能够激发学生的好奇心和求知欲，使他们更加主动地思考和探索问题。

二是利用多媒体和网络技术辅助教学，也是提升学习兴趣的重要手段。通过展示生动的图片、视频和音频材料，将抽象的理论知识具象化，使学习变得更加直观和有趣。同时，利用网络平台，学生随时随地进行学习，这种便捷性也极大地提升了学生的学习兴趣。

三是创新教学方法还需要关注学生的个体差异。针对不同学生的学习特点和兴趣爱好，采用个性化的教学方式，使每个学生都能在学习中找到自己的兴趣点，从而更加投入地学习。

（二）优化教学流程，提高教学效果

在高校思想政治理论课程中，优化教学流程是提高教学效果的重要途径，通过精心设计教学计划和课堂结构，教师更有效地传递知识，并帮助学生更好地吸收和理解。

一是明确教学目标是优化教学流程的前提。教师应根据课程大纲和学生需求，设定具体、可衡量的教学目标，确保教学内容与目标紧密相关。

二是合理安排教学内容和时间。教师应根据教学目标和学生实际情况，选择适当的教学内容，并合理分配教学时间，确保学生在有限的时间内充分掌握知识点。

三是注重课堂互动和反馈。教师通过提问、讨论等方式，引导学生积极参与课堂活动，提高他们的思维能力和表达能力，同时及时收集学生的反馈意见，了解他们的学习情况和需求，以便及时调整教学策略。

四是课后巩固和拓展也是优化教学流程的重要环节。教师应布置适量的课后作业和阅读材料，帮助学生巩固所学知识，并引导他们进行拓展思考和实践探索。

（三）培养学生创新思维和实践能力

在高校思想政治理论课程的教学中，培养学生的创新思维和实践能力具有重要意义，这不仅有助于学生更好地理解和应用所学知识，还能为他们未来的职业发展和社会适应能力奠定坚实基础。为了培养学生的创新思维，教师可采取启发式教学、问题导向学习等方法，引导学生从不同角度思考问题，鼓励他们提出新观点和新思路。同时，引入前沿的思想政治理论研究成果，拓宽学生的知识视野，激发他们的探索欲望。在实践能力培养方面，教师组织实践活动、社会调查等，让学生亲身参与并体验思想政治理论知识的实际应用。这些实践活动帮助学生将理论知识转化为实际操作能力，提高他们的综合素质和适应能力。此外，教师还鼓励学生参与科研项目、学术竞赛等，培养他们的科研能力和创新精神。这些活动不仅锻炼了学生的实践能力，还能培养他们的团队协作和沟通能力，为他们未来的职业发展打下坚实基础。

教学方法的创新与优化是高校思想政治教育课程体系改革的重要组成部分，通过创新教学方法、优化教学流程及培养学生的创新思维和实践能力，构建一个更加生动、有效的教学环境，提高学生的学习兴趣和教学效果。这不仅有助于学生更深入地理解和掌握思想政治理论知识，还能为他们的全面发展提供有力支持。因此，应该不断探索和实践新的教学方法，为培养具有高素质和创新能力的人才贡献力量。

第三节　思想政治理论课程的实践教学

一、实践教学的意义与原则

在高校思想政治教育中，实践教学作为理论教学的延伸和补充，其重要性日益凸显。实践教学不仅有助于深化学生对理论知识的理解和应用，更能培养学生的实际操作能力和社会责任感。下面将探讨实践教学的意义与原则，以期为高校思想政治理论课程的实践教学提供有益的参考。

（一）实践教学的意义

实践教学在高校思想政治教育中占据着举足轻重的地位，其意义体现在三个方面：一是体现在深化理论认知上。通过实际操作与亲身体验，学生能够将抽象的理论知识转化为具体的感性认知，从而更深刻地理解和掌握思想政治理论的精髓。二是实践教学对于提升学生的综合能力至关重要。在实践活动中，学生需要运用所学知识解决实际问题，这不仅锻炼了他们的思维能力，还提高了其解决实际问题的能力。三是实践教学有助于培养学生的社会责任感。通过参与社会实践活动，学生能够更加直观地了解社会现象和问题，进而增强对社会的关注和责任感。

图2-2　实践教学的意义

（二）实践教学的原则

在高校的思想政治理论课程中，实践教学的原则至关重要，它们为教学活动的顺利开展提供了指导。以下是实践教学的四个关键原则。

第一，针对性原则。实践教学应充分体现我国改革开放和社会主义现代化建设的新情况、新要求，针对当代大学生的心理特点、文化层次和思想意识，选择适宜性的教学实践活动。这要求实践教学内容与当前社会现实紧密结合，确保教学的针对性和实效性。

第二，实效性原则。实践教学要以提高素质、增强能力、服务社会为出发点，确保学生能够将所学理论转化为科学的世界观和方法论，并内化为自身的自觉行动。同时，实践教学应针对社会需要，用学校学到的知识服务社会，为社会发展做出贡献。

第三，计划性原则。实践教学必须纳入教学计划和学院整体工作计划之中，要统筹安排、严格管理。其包括根据不同年级、不同专业学生的特点和不同的活动内容，采取不同的实践形式，确保全体学生都能参与，并且形式多样。

第四，激励性原则。实践教学的考核和评价应重在激发学生的参与性和积极向上精神，要制定活动激励性措施，以激励为主，充分尊重学生的自尊心和上进心，鼓励学生不断进步，发现学生的优势和潜力，肯定学生一点一滴的成绩。

实践教学的意义在于促进理论知识的内化、培养学生的实践能力与社会责任感。在实践教学过程中，应遵循理论与实践相结合、注重学生的主体性与实践活动的多样性等原则。这些原则和措施有助于提高高校思想政治理论课程的教学质量，培养更多具有创新精神和实践能力的高素质人才。

二、实践教学的形式与内容

在思想政治理论课程的设置中，实践教学是不可或缺的一环，它不仅是理论教学的延伸，更是学生将所学知识应用于实际、深化理解和提升能力的重要途径。下面将探讨实践教学的形式与内容，以期为高校思想政治理论课程的实践教学提供具体的指导。

（一）实践教学的形式

实践教学在思想政治理论课程中扮演着至关重要的角色，其形式多种多样，旨在为学生提供丰富的实践体验，促进理论知识的内化和实践能力的提升。

一是课堂内的模拟与实践是实践教学的一种重要形式。通过模拟法庭、模拟联合国会议、角色扮演等课堂活动，学生在教师的指导下，模拟真实场景进行实践操作。这种形式能够使学生在安全、可控的环境中体验实际工作的流程和要求，增强对理论知识的理解和应用能力。

二是社会调查与研究是实践教学的另一种重要形式。学生走出课堂，深入社会进行实地调查和研究，通过收集数据、分析现象、撰写报告等方式，培养他们的社会观察能力和问题分析能力。社会调查与研究使学生直接接触社会现实，了解社会问题的本质和根源，从而更加深入地理解思想政治理论课程中的相关概念和理论。

三是志愿服务与公益活动也是实践教学的重要形式之一，学生通过参与支教、扶贫、环保等志愿服务活动，将所学理论知识付诸实践，为社会做出贡献。这种形式的实践教学不仅能够培养学生的奉献精神和社会责任感，还能让他们在实践中体验社会责任感和使命感，增强他们的公民意识。

四是实践教学还结合专业特点，采用专业实习、课程设计、实验实训等形式，使学生将所学专业知识与思想政治理论课程相结合，通过实践操作加深对专业知识的理解和应用能力，提高综合素质和竞争力。

（二）实践教学的内容

实践教学在思想政治理论课程中承载着丰富的教育内容，旨在通过实际操作和亲身体验，加深学生对理论知识的理解和应用能力，同时培养他们的社会责任感和公民意识。一是实践教学的内容应当紧密围绕社会主义核心价值观。通过组织学生参与志愿服务、社会公益活动等形式，让他们在实践中深刻理解和践行富强、民主、文明、和谐，自由、平等、公正、法治，爱国、敬业、诚信、友善的社会主义核心价值观。这些实践活动不仅能够让学生亲身体验到社会主义核心价值观的内涵，还能够培养他们的道德情操和人格魅力。二是法治教育和公民意识培养也是实践教学的重要内容。通过模拟法庭、法律讲座等，加强学生的法治教育，让他们了解法律知识，树立法治观念，学会用法律武器维护自身权益。同时，通过组织学生参与社区治理、公共事务管理等活动，培养他们的公民意识和参与公共事务的能力，让他们成为具有社会责任感和公民意识的现代公民。三是实践教学还应包括国情教育和历史传承教育。组织学生参观博物馆、纪念馆等场所，让他们了解国家的历史和文化，增强他们的国家意识和民族自豪感。同时结合当前国情，引导学生关注国家发展和社会进步，培养他们的爱国情感和奉献精神。

实践教学的形式和内容是多种多样的，根据不同的教学目标和学生需求进行选择和设计，通过课堂模拟与实践、社会调查与研究、志愿服务和公益活动等实践教学活动，使学生更好地将所学理论知识应用于实践，提高他们的综合素质和能力。同时结合社会主义核心价值观教育、法治教育与公民意识培养、国情教育与历史传承等内容的实践教学，进一步培养学生的爱国情怀、法治观念和公民意识，为他们的全面发展奠定坚实基础。

三、实践教学的组织与实施

实践教学的组织与实施是确保思想政治理论课程实践教学取得实效的关键环节，有效的组织能够确保实践教学的顺利进行，而科学实施则能够保障实践教学目标的达成。下面将探讨实践教学的组织与实施策略，以期为高校思想政治理论课程的实践教学提供有益的参考。

（一）实践教学的组织策略

实践教学的组织策略对于确保教学效果至关重要。一是明确教学目标是组织实践教学的起点，它指导着整个实践教学活动的方向；二是制订详细而周密的计划，包括实践活动的具体内容、时间安排、人员分工等，以确保实践教学能够有序进行；三是资源的有效整合是实践教学成功的关键，这包括充分利用校内外的实践教学基地，以及调动教师和学生的积极性，发挥他们的专长和优势；四是要注重实践教学过程中的安全性，确保师生的人身安全；五是在实践教学组织过程中，还需要不断总结经验教训，及时调整和完善组织策略，以适应不断变化的教学需求，通过这些策略的实施，有效地提升实践教学的质量和效果。

（二）实践教学的实施策略

实践教学的实施策略对于确保实践教学活动的顺利进行和达到预期目标具有重要意义。一是应注重过程管理，确保实践教学活动按照预定计划有序进行，及时发现问题并调整教学策略；二是加强实践反思，引导学生在实践活动结束后进行深入反思，总结经验和教训，提升实践能力和综合素质；三是建立健全的评价机制也至关重要，通过对学生实践表现的评价和反馈，激励学生积极参与实践活动，提升实践教学效果；四是要注重培养学生的实践能力和创新精神，鼓励学生将所学理论知识应用于实践中，解决实际问题；五是教师应根据学生的实际情况和反馈，灵活调整实施策略，确保实践教学的针对性和实效性。

实践教学的组织与实施是确保思想政治理论课程实践教学取得实效的关键环节，在组织实践教学时，应明确教学目标、制订详细计划、加强资源整合等；在实施实践教学时，应注重过程管理、加强实践反思、完善评价机制等。这些策略和措施将有助于提高实践教学的质量和效果，促进思想政治理论课程的深入发展。

四、实践教学的效果与评价

实践教学作为思想政治理论课程的重要组成部分，其效果评价是检验教学质量、优化教学策略的关键环节。科学、合理的评价体系不仅能够客观反映实践教学的成果，还能为今后的教学提供有益的反馈和改进方向。下面将探讨实践教学的效果与评价，以期为提高实践教学质量提供理论支持和实践指导。

（一）实践教学效果的评价标准

实践教学效果的评价标准应当全面、客观、具体，以真实反映学生的实践能力和综合素质的提升。一是评价应关注学生对思想政治理论知识的应用能力，观察学生是否能在实践中灵活运用所学知识分析问题、解决问题。二是评价应重视学生综合素质的提升，包括学生的社会责任感、团队协作能力、创新精神等方面的表现。通过实践活动，学生是否能够积极参与、主动承担、勇于创新，都是评价的重要方面。三是评价应考虑学生的实践态度和参与度，如是否认真对待实践活动、是否积极参与讨论和反思等，这些评价标准有助于全面评估实践教学的效果，为今后的教学提供有益的反馈和改进方向。

（二）实践教学评价的方法与途径

实践教学评价的方法与途径应多元化，以确保评价的全面性和客观性。一是过程性评价是实践教学评价的重要方法。通过观察学生在实践活动中的表现，记录其参与程度、合作精神和创新能力等，为评价提供第一手资料。二是结果性评价也是不可或缺的。通过学生的实践报告、作品展示、社会实践成果等具体成果来评估实践教学的效果。三是学生自评和互评也是实践教学评价的有效途径。能够让学生更深入地反思自己的实践过程，同时促进同伴之间的互相学习和交流，最后结合教师评价，形成多维度的评价体系，从而更全面、客观地评估实践教学的效果。这些方法与途径共同构成了实践教学评价的系统框架，为优化实践教学提供了有力支持。

实践教学的效果与评价是提高实践教学质量的关键环节，在评价实践教学效果时，应明确评价标准和方法，注重知识应用能力和综合素质的提升。同时，应采用多种评价方式和途径，全面了解学生的实践情况和收获，通过科学的评价体系，客观反映实践教学的成果和问题，为今后的教学提供有益的反馈和改进方向。

第四节　思想政治理论课程与其他课程的融合

一、与专业课程的融合

随着高等教育改革的不断深入，思想政治理论课程与专业课程的融合已成为高校教育的重要趋势。这种融合旨在通过跨学科的教学方式，将思想政治教育贯穿于学生的专业学习之中，实现知识传授与价值引领的有机结合。下面将探讨思想政治理论课程与专业课程的融合策略及其意义。

（一）融合策略的制定与实施

在制定思想政治理论课程与专业课程的融合策略时，必须全面考虑二者的教育目标、教学内容及学生的实际需求。

一是应明确融合教育的总体目标，即实现思想政治教育与专业教育的有机结合，促进学生全面发展。这要求在制定策略时，既要注重知识的传授，也要强调价值观的培养，确保学生在专业知识学习的同时能够形成正确的世界观、人生观和价值观。

二是在内容融合方面，应深入挖掘专业课程中的思想政治教育元素，将思想政治理论知识点与专业课程知识点进行有机衔接。例如，在经济学课程中，融入社会主义市场经济理论，引导学生理解经济现象背后的政治逻辑；在法律课程中，融入法治精神，培养学生的法治意识和法律素养。通过这种方式，使学生在学习专业知识的同时，也能够受到思想政治教育的熏陶。

三是在实施融合策略时，应注重教学方法的创新，采用案例教学、项目式学习等教学方式，让学生在实践中感受和理解思想政治理论。例如，设计一些与专业课程相关的实践项目，让学生在完成项目的过程中，运用思想政治理论知识解决实际问题。这种方式不仅能够提高学生的实践能力，还能增强其对思想政治理论知识的理解和应用，同时还需加强对教师的培训和引导，使教师具备跨学科教学的能力，能够熟练地将思想政治理论知识点融入专业课程之中。为此，学校应组织相关培训活动，提高教师的跨学科教学能力；同时还应鼓励教师之间的交流和合作，共同研究制订融合方案。

（二）融合的意义与价值

思想政治理论课程与专业课程的融合，在现代高等教育体系中具有深远的意义与价值。

一是融合有助于实现知识传授与价值引领的有机结合。在传统的教育模式下，思想政治理论课程与专业课程往往相互独立，缺乏有效的衔接。然而，随着社会的快速发展和人才培养模式的变革，单纯的知识传授已无法满足社会对人才的需求。通过融合，学生能够在学习专业知识的同时深入理解思想政治理论，形成正确的世界观、人生观和价值观，为未来的职业发展和社会适应奠定坚实基础。

二是融合有助于提高学生的综合素质和实践能力。在现代社会，综合素质和实践能力已成为衡量人才的重要标准，通过将思想政治理论课程与专业课程进行融合，学生能够在实践中运用所学知识解决实际问题，这不仅能够锻炼其实践能力，还能培养其创新精神和团队协作能力。这种跨学科的学习方式有助于学生形成全面的知识体系，提高其综合素质和竞争力。

三是融合有助于推动高校教育改革的深入发展。传统的教育模式存在着许多弊端，如重知识传授轻能力培养、重理论轻实践等，通过融合思想政治理论课程与专业课程，打破传统教育模式的束缚，推动高校教育向更加注重学生综合素质和实践能力培养的方向发展。这种改革不仅能够提高高校教育的质量和水平，还能够为国家的长远发展培养更多具有创新精神和实践能力的人才。

（三）融合过程中面临的挑战与对策

思想政治理论课程与专业课程融合的意义和价值显著，但过程中不可避免地会面临一些挑战，这些挑战不仅来自课程内容和教学方法的差异性，还涉及师资力量、学生认知和评价体系等方面。

一是课程内容和教学方法的差异是融合过程中的主要挑战之一。不同专业课程具有其独特的知识体系和教学方法，而思想政治理论课程则侧重于理论知识的传授和价值观的引导。如何在保持各自特色的同时实现有效融合，需要教育者进行深入的研究和实践，为此要加强跨学科的教学研究和交流，共同探索适合不同专业的融合方法和手段。

二是师资力量是融合过程中的另一大挑战。目前，许多高校教师缺乏跨学科的教学经验和能力，难以胜任融合课程的教学任务。为了解决这个问题，高校应加强师资培训，提高教师的跨学科教学能力和水平，同时也鼓励教师之间的合作与交流，共同研发融合课程教材和教学资源。

三是学生认知是融合过程中需要关注的一个问题。由于长期以来思想政治理论课程与专业课程是相对独立的教学体系，学生对这种融合模式存在疑虑和困惑。因此，在融合过程中，需要注重对学生的引导和解释，让他们了解融合的意义和价值，并激发他们的学习兴趣和积极性，同时也需要关注学生的反馈和意见，及时调整教学策略和方法。

四是评价体系也是融合过程中需要解决的一个问题。传统的评价体系往往注重知识的考核和分数的评价，难以全面反映学生的综合素质和实践能力。针对以上挑战，高校应采取多种对策，如加强跨学科的教学研究和交流，提高教师的跨学科教学能力和水平；注重对学生的引导和解释，激发他们的学习兴趣和积极性；建立与融合课程相适应的评价体系，全面评价学生的综合素质和实践能力。这些对策的实施将有助于推动思想政治理论课程与专业课程的深度融合，提高高校教育的质量和水平。

思想政治理论课程与专业课程的融合是高校教育改革的重要方向之一，通过制定科学合理的融合策略、实施有效的融合方法及应对融合过程中面临的挑战和问题，实现思想政治理论课程与专业课程的有效融合。这种融合不仅能够拓宽学生的知识视野、增强学生的实践能力与创新精神、促进学生的全面发展，还能为高校教育改革和发展注入新的活力和动力。

二、与通识课程的融合

通识课程作为高校教育的重要组成部分，旨在培养学生的广泛知识、批判性思维和人文素养。将思想政治理论课程与通识课程相融合，不仅有助于提升思想政治教育的实效性，还能丰富通识课程的内容，使二者相互促进、共同发展。

（一）融合有助于增强思想政治教育的吸引力

将思想政治理论课程与通识课程进行深度融合，能够极大地增强思想政治教育的吸引力。传统的思想政治教育往往给人以刻板、枯燥的印象，但通过与通识课程的结合，可以为思想政治教育注入新的活力。通识课程涵盖了人文、社会、自然科学等领域，具有内容丰富、形式多样的特点，当思想政治理论课程与这些课程相结合时，学生在学习通识知识的同时自然而然地接触到思想政治教育的内容，从而减轻学生对思想政治教育的抵触心理。此外，通识课程的跨学科性质也为思想政治教育提供了更多的展示空间，通过引入不同领域的案例和观点，使思想政治教育更加生动、有趣，吸引学生的兴趣和注意力。学生在学习通识课程的过程中，逐渐认识到思想政治教育的重要性和实用性，从而更加积极地参与到思想政治教育中来。

（二）融合有助于拓宽思想政治教育的视野

将思想政治理论课程与通识课程相融合，对于拓宽思想政治教育的视野具有重要意义。传统的思想政治教育往往局限于一定的理论框架和思维模式，而通识课程则具有更为广泛的学科背景和知识领域。通过与通识课程的融合，思想政治教育能吸收不同学科的理论和方法，打破传统的思维局限，为学生提供更为全面、多元的视角。

这种融合不仅丰富了思想政治教育的内容，也使其更具时代性和前瞻性，通识课程中的多元文化和跨学科视角，为思想政治教育提供了丰富的素材和案例，引导学生从多个角度思考和分析问题。这样学生不仅能够深入理解思想政治理论，还能将其与现实生活、社会现象等紧密联系起来，形成更为全面、深刻的认识。

（三）融合有助于提升通识课程的育人价值

将思想政治理论课程与通识课程进行融合，对于提升通识课程的育人价值具有显著作用。通识课程旨在培养学生的综合素质和批判性思维，而思想政治理论课程则侧重于塑造学生的世界观、人生观和价值观。二者的融合为通识课程注入了更为深刻的思想内涵和价值导向。在融合的过程中，通识课程借鉴思想政治理论课程中的优秀资源和教育理念，将思想政治教育的内容有机地融入通识课程的教学中。这样学生在学习通识知识的同时，也能够接受思想政治教育的熏陶，从而更好地理解社会、认识人生、培养品格。此外，融合也有助于提升通识课程的实践性和应用性。通过引入思想政治理论课程中的案例分析、社会实践等教学方式，使学生将所学的理论知识与现实生活相结合，提升其实践能力和社会责任感。

思想政治理论课程与通识课程的融合是高等教育改革的重要趋势之一，通过融合，增强思想政治教育的吸引力，拓宽其视野，同时提升通识课程的育人价值。在实际操作中，需要注重课程内容的选取和教学方法的创新，确保二者能够真正融合、相互促进，同时还需要加强教师培训和学科建设，为融合提供有力保障。

三、与校园文化活动的融合

校园文化活动是高校学生生活的重要组成部分，是学生展现自我、交流思想、锻炼能力的重要平台，同时思想政治理论课程作为高校教育的重要组成部分，肩负着培养学生正确世界观、人生观和价值观的重要使命。将思想政治理论课程与校园文化活动融合，有助于实现思想政治教育的实践化和生动化，增强其吸引力和影响力。

（一）融合有助于丰富校园文化活动的内涵

校园文化活动是高校生活中的一道亮丽风景线，它不仅为学生提供了展示才华、交流思想的舞台，更是培养学生综合素质、传承校园文化的重要载体。然而，随着时代的进步和社会的发展，单一的校园文化活动已经难以满足学生日益增长的精神文化需求。因此，将思想政治理论课程与校园文化活动相融合，有助于丰富校园文化活动的内涵，提升活动的思想性和教育性。

一是思想政治理论课程所蕴含的丰富思想内涵和价值观念，为校园文化活动提供有力的思想指导。通过将社会主义核心价值观、爱国主义、集体主义等思想元素融入校园文化活动中，使活动更加具有思想性和教育性。例如，在举办校园文化节时，组织以"弘扬中华优秀传统文化"为主题的讲座、展览和演出，让学生在欣赏艺术的同时，感受中华文化的博大精深，增强文化自信。二是思想政治理论课程与校园文化活动的融合，有助于拓宽校园文化活动的领域和范围。传统的校园文化活动往往局限于文艺、体育等领域，而思想政治理论课程则涵盖了政治、经济、文化等方面。将两者相结合，推出更多具有时代特色的校园文化活动，如模拟联合国、政治辩论赛等，让学生在参与活动的过程中，了解国际形势、关注国家大事，从而培养其全球视野和时代责任感。三是融合还有助于提升校园文化活动的层次和水平，通过将思想政治理论课程中的学术研究和理论探讨引入校园文化活动，使活动更加具有深度和广度。例如，在举办学术讲座时，邀请校内外的专家学者就某一热点问题进行深入剖析和讲解，引导学生进行深入思考和讨论，提升学生的学术素养和思辨能力。

（二）融合有助于增强思想政治教育的实践性和互动性

在高等教育中，思想政治教育往往面临着理论与实践脱节、教育者与被教育者互动不足等问题，通过将思想政治理论课程与校园文化活动融合，可以有效地增强思想政治教育的实践性和互动性，使教育过程更加生动、有趣，且富有成效。

一是融合能够显著提升思想政治教育的实践性。校园文化活动为学生提供了广阔的实践平台，使他们能够将所学的思想政治理论知识应用到实际生活中。例如，在参与志愿服务、社会调查等活动中，学生深入了解社会现象，思考其中蕴含的思想政治理论，从而增强对知识的理解和运用能力。这种实践性的教育方式不仅有助于学生深化对理论知识的认识，还能培养他们的实际操作能力和解决问题的能力。二是融合有助于增强思想政治教育的互动性。在传统的课堂教学中，学生往往处于被动接受知识的状态，缺乏与教育者之间的有效互动，然而在校园文化活动中，学生更加积极地参与到教育过程中，与教师、同学进行深入的交流和讨论。这种互动不仅有助于学生更好地理解和掌握知识，还能培养他们的沟通能力和团队协作精神，同时教育者也通过与学生的互动，了解他们的思想动态和实际需求，从而更加精准地把握教育方向和内容。

（三）融合有助于培养学生的综合素质

在高校教育中，培养学生的综合素质是教育的核心目标之一，将思想政治理论课程与校园文化活动融合，不仅有助于丰富学生的学习体验，还能有效地培养学生的综合素质。一是这种融合有助于增强学生的实践能力和创新精神。校园文化活动为学生提供了丰富的实践机会，让学生在参与中学习和成长，结合思想政治理论课程，学生能够在实践中运用所学知识解决实际问题，从而增强实践能力和创新精神。二是融合有助于培养学生的团队协作和沟通能力。校园文化活动往往需要学生之间的密切合作和有效沟通。在这样的环境中，学生需要学会倾听他人的意见，理解他人的需求，从而培养团队协作和沟通能力。三是融合还有助于提升学生的文化素养和道德观念。通过参与具有思想性和教育性的校园文化活动，学生能接触到更多的文化知识和价值观念，从而提升自己的文化素养和道德观念。

将思想政治理论课程与校园文化活动融合是提升思想政治教育实效性和校园文化活动品质的重要途径，这种融合不仅有助于丰富校园文化活动的内涵，增强思想政治教育的实践性和互动性，还有助于培养学生的综合素质。在实际操作中，需要积极探索融合的方式和方法，确保二者能够真正融合、相互促进，同时还需要加强教师培训和校园文化建设，为融合提供有力保障。

四、与社会实践的融合

在现代教育体系中，思想政治理论课程不再局限于传统的课堂教学，而是越来越多地与社会实践相结合。这种融合不仅有助于提升思想政治教育的实效性，也为学生提供了将理论知识转化为实际行动的平台。以下将详细探讨思想政治理论课程与社会实践融合的重要性、方式和意义。

（一）融合有助于深化学生对理论知识的理解和应用

在高校教育中，思想政治理论课程作为培养学生正确世界观、人生观和价值观的重要课程，其理论知识的学习至关重要，然而单纯的课堂教学往往难以使学生深入理解和应用这些理论知识。因此，将思想政治理论课程与社会实践相融合，能够为学生提供更为直观、生动的学习体验，从而深化他们对理论知识的理解和应用。

一是社会实践为学生提供了亲身体验和感受的机会。通过参与社会实践，学生深入社会、了解国情，亲身体验到理论知识在实际生活中的应用。这种亲身体验的方式，相较于传统的课堂教学，更能使学生产生共鸣，激发他们的学习兴趣和动力。例如，在学习马克思主义基本原理时，学生通过参与社会调查，了解社会发展的实际状况，从而更深入地理解马克思主义的基本原理和方法论。

二是社会实践能够帮助学生将理论知识转化为实际行动。理论知识的学习不仅仅是为了掌握一种知识体系，更重要的是要将其应用于实际生活中。通过参与社会实践，学生将所学的理论知识与实际问题相结合，提出解决方案，并付诸实践。这种将理论知识转化为实际行动的过程，不仅能够加深学生对理论知识的理解，还能培养他们的实践能力和创新精神。

三是社会实践还能够促进学生综合素质的提升。在社会实践中，学生需要与人沟通交流、团队协作、解决问题等，这些能力的锻炼和提升对于他们的全面发展至关重要。通过社会实践与思想政治理论课程融合，学生能够更好地将所学知识与实际问题相结合，提升自己的综合素质和能力水平。

（二）融合有助于培养学生的社会责任感和实践能力

在现代高校教育中，将思想政治理论课程与社会实践深度融合，是培养学生社会责任感和实践能力的有效途径。一是社会实践为学生提供了直接接触社会的机会，让他们能够深入了解国情、民情，认识到个人与社会、国家之间的紧密联系。这种亲身体验能够激发学生的社会责任感，使他们更加关心国家发展、社会进步和人民福祉。二是社会实践是锻炼学生实践能力的重要平台。在参与社会实践的过程中，学生需要运用所学知识解决实际问题，这种过程不仅能够巩固他们的理论基础，还能提高他们的动手能力、团队协作能力、沟通表达能力等实践能力。这些能力的提升对于学生未来的职业发展和社会适应都具有重要意义。

（三）融合有助于拓展思想政治教育的渠道和方式

在高等教育体系中，思想政治教育是塑造学生健全人格、培养社会主义核心价值观的关键环节。传统的思想政治教育方式主要依赖于课堂教学，但随着时代的进步和教育理念的更新，将思想政治理论课程与社会实践相融合，不仅丰富了教育内容，更有助于拓展思想政治教育的渠道和方式。

一是融合使得思想政治教育的渠道更加多元化。通过社会实践，学生在更广阔的空间内接触社会、了解国情，这些实践经历成为思想政治教育的重要素材。

同时利用现代科技手段，如网络平台、社交媒体等，将思想政治教育的内容以更加生动、直观的方式呈现给学生，提升他们的学习兴趣和参与度。

二是融合为思想政治教育提供了新的教学方式。传统的课堂教学往往以讲授为主，学生被动接受知识。而社会实践则要求学生主动参与、亲身体验，这种教学方式能够使学生更加深入地理解知识，并在实践中不断检验和巩固所学内容。此外，社会实践还与项目式学习、案例分析等教学方法相结合，使得思想政治教育的教学形式更加多样化和灵活化。

三是融合有助于构建全方位、多层次的思想政治教育体系。通过与社会实践的融合，思想政治教育不再局限于课堂内，而是延伸到课外、校园外甚至网络上。这种全方位、多层次的教育体系能够覆盖学生的整个学习和生活过程，使他们在各个阶段都能接受有效的思想政治教育。

将思想政治理论课程与社会实践相融合，对于提高思想政治教育的实效性和培养学生的综合素质具有重要意义，通过实践性的学习方式和拓展的教育渠道，学生更深入地理解思想政治理论知识，增强他们的社会责任感和实践能力。同时，这种融合还能促进不同学科之间的交叉融合，为思想政治教育注入新的活力和动力。因此，应该积极探索和实践这种融合模式，以推动高校思想政治教育工作的创新和发展。

第三章 高校思想政治教育的师资队伍建设

第一节 师资队伍的构成与要求

一、师资队伍的构成

高校思想政治教育的师资队伍建设，是保障教育质量和效果的关键。一支结构合理、素质优良的师资队伍，能够为大学生提供正确的价值导向和深刻的思想引领。下面将探讨高校思想政治教育师资队伍的构成。

（一）专职教师与兼职教师相结合

高校思想政治教育的师资队伍需要专职教师与兼职教师相互补充、相互融合。专职教师作为教学团队的核心力量，拥有深厚的思想政治理论基础和丰富的教学经验，他们负责主导思想政治理论课程的日常教学和科研工作，确保教学内容的系统性和深度。

与此同时，兼职教师的引入为思想政治教育注入了新的活力，他们往往来自党政机关、企事业单位等实际工作领域，拥有丰富的实践经验和专业知识。兼职教师通过分享他们的实际工作案例和经验，使学生更直观地理解思想政治理论知识的实际应用，增强学习的针对性和实效性。专职教师与兼职教师的结合，不仅优化了师资队伍的结构，也提高了教学的多样性和灵活性。这种组合模式有助于实现理论与实践的有机结合，为学生提供更加全面、深入的思想政治教育。

（二）年龄、职称和学历结构合理化

高校思想政治教育的师资队伍在年龄、职称和学历结构上应趋于合理化。

一是年龄结构要合理。老、中、青三代教师应全程搭配，老教师以其丰富的

经验和深厚的学术造诣引领方向；中年教师正值事业高峰，是教学科研的中坚力量；青年教师则充满活力，为团队注入新鲜血液。[①]

二是职称结构要均衡。高级职称教师应发挥学术带头作用，中级职称教师是教学和科研的主力军，初级职称教师则是后备力量，三者相互补充，形成稳定的学术梯队。

三是学历结构要优化。教师应具备相应的学历背景，硕士、博士等高学历教师能够提升整体队伍的学术水平和创新能力，同时也应鼓励在职教师继续深造，提高整体学历层次。

通过合理化的年龄、职称和学历结构，确保高校思想政治教育的师资队伍既有稳定的基础，又有持续发展的动力。[②]

（三）理论与实践能力并重

在高校思想政治教育的师资队伍建设中，理论与实践能力并重是不可或缺的原则。理论能力是教师的基石。作为思想政治教育者，教师必须具备扎实的马克思主义理论基础和思想政治教育专业知识，能够准确理解和把握党的教育方针和政策，为学生传递正确的思想价值观念。然而仅有理论能力是不够的，教师还需要具备将理论知识转化为实践的能力，他们应该能够将所学的理论知识与实际教学工作相结合，引导学生运用所学理论分析实际问题、解决现实问题。通过案例分析、实践教学等方式，教师将理论知识生动地展现给学生，提高他们的学习兴趣和参与度。

高校思想政治教育师资队伍的构成应体现多元化、合理化和专业化的特点，通过优化师资队伍结构，提高教师素质和能力，更好地发挥思想政治教育在人才培养中的重要作用，为培养德智体美劳全面发展的社会主义建设者和接班人提供有力保障。

二、师资队伍的素质要求

在探讨高校思想政治教育师资队伍的构成后，进一步深入到师资队伍的素质要求上，这不仅关系教师的个人发展，更关乎思想政治教育的质量和效果。下面

① 席智芳，沈洪艳. 生态文明观培育视野下的大学生思想政治教育创新探索 [J]. 环境工程，2022(8): 285.
② 刘文婷. 生态文明观融入大学生思想政治教育全过程的实践研究 [J]. 环境工程，2022(9): 303.

将从三个方面来阐述师资队伍的素质要求。

（一）坚定的政治立场和理论素养

在高校思想政治教育的师资队伍中，坚定的政治立场和深厚的理论素养是教师不可或缺的素质要求。一是坚定的政治立场是思想政治教育工作的基石。教师作为党的路线、方针、政策的传播者和践行者，必须始终保持对党的忠诚和信念，坚决拥护党的领导，确保在教育教学过程中传递正确的政治方向和价值观念。只有具备坚定的政治立场，教师才能在复杂多变的社会环境中保持清醒的头脑，引导学生正确理解和认识社会现象。二是深厚的理论素养是教师的专业基础。教师应具备扎实的马克思主义理论基础和思想政治教育专业知识，能够准确解读党的教育方针和政策，为学生提供系统的理论指导。教师应通过持续的学习和研究，不断更新自己的知识结构，提高理论水平，确保在教育教学过程中能够深入浅出地传授思想政治理论知识，帮助学生树立正确的世界观、人生观和价值观。

（二）良好的师德师风和人文素养

在高校思想政治教育中，教师的师德师风和人文素养同样至关重要。一是良好的师德师风是教师职业道德的体现。教师应以身作则，严于律己，为学生树立榜样。他们应关心学生成长，尊重学生差异，以平等、公正的态度对待每一位学生，同时教师应具备高度的责任感和敬业精神，对教育教学工作充满热情，不断提高自己的教育教学水平。二是人文素养是教师综合素质的重要组成部分。教师应具备广泛的人文知识，了解不同文化背景下的价值观念和生活方式，尊重并包容多样性。这种人文素养不仅有助于教师更好地理解学生，与学生建立深厚的情感联系，还能够丰富学生的精神世界，培养他们的审美情趣和人文情怀。

（三）持续的学习能力和创新能力

随着社会的不断进步和知识的迅速更新，高校思想政治教育的师资队伍必须具备持续的学习能力和创新能力。一是持续的学习能力是适应时代发展的基础。作为教育工作者，教师需要不断学习新的理论知识、教学方法和教育技术，以跟上时代的步伐。他们应积极参与各种学术研讨会、培训活动及其他学习课程，拓宽自己的知识视野，提升专业素养，同时教师还应保持对新知识、新技能的好奇心，主动探索未知领域，不断更新自己的知识结构。[①]二是创新能力是推动教育发展的动力。教师应具备创新思维和创新能力，勇于尝试新的教学方法和手段，探索符合学生实际和时代特点的教育模式。他们应关注学生的个性化需求和发展潜力，注重培养学生的创新意识和实践能力，为他们的未来发展奠定坚实的基础。

高校思想政治教育的师资队伍建设在素质要求上需要注重政治立场、师德师风、人文素养、学习能力和创新能力等方面的培养，只有具备这些素质的教师，才能更好地履行自己的职责，为学生的全面发展提供有力的保障。同时，高校也应加强对师资队伍的培训和管理，提高教师的整体素质和教育教学水平。[②]

三、师资队伍的选拔与培养

高校思想政治教育的师资队伍建设，不仅需要在构成上科学合理、在素质上要求严格，更需要在选拔与培养上注重实效，有效的选拔与培养机制，能够确保师资队伍的整体质量，为高校思想政治教育提供坚实的人才保障。

（一）明确选拔标准

在高校思想政治教育的师资队伍建设中，明确选拔标准、确保师资质量是首要任务。选拔标准的明确，直接关系到师资队伍的整体素质和教学水平。一是选拔标准应突出教师的政治立场和理论素养。作为思想政治教育工作者，教师应具备坚定的政治信仰和深厚的理论功底，能够准确传达党的教育方针和政策。二是选拔标准应关注教师的教学能力和实践经验。教师应具备优秀的教学方法和手段，能够生动、有趣地传授思想政治理论知识，同时还应具备一定的实践经验，能够结合学生实际和社会热点，引导学生进行深入思考。三是选拔标准还应考虑教师的团队合作精神和创新精神。高校思想政治教育工作需要团队协作，教师应具备良好的团队合作精神，能够与其他教师协同工作，共同提高教育教学质量。同时，教师还应具备创新精神，能够不断探索新的教学方法和手段，推动教育教学工作的创新发展。

① 曹月. 大学生思想政治教育中的生态文明教育引导研究 [J]. 环境工程，2022(4): 264.
② 陈云. 生态文明理念融入大学生思想政治教育工作的探究 [J]. 成才，2023(11): 30-32.

（二）加大培养力度

在高校思想政治教育中，加大教师的培养力度，对于提升整体师资水平具有重要意义。一是培养应注重理论与实践相结合。除了加强理论知识的学习，还应鼓励教师参与实践活动，如教学观摩、教育实习等，以提升其教学实践能力。二是要制订个性化的培养计划。针对每位教师的特点和需求，制订个性化的培养方案，帮助他们弥补短板、发挥优势，实现个人成长与专业发展的双赢。三是还应加强教师的师德师风建设。通过举办师德师风讲座、开展师德师风评比等活动，引导教师树立正确的教育观念，提升职业道德水平。四是要建立健全激励机制。通过设立教学成果奖励、科研成果奖励等，激发教师的积极性和创造力，鼓励他们在教学和科研上不断取得新的成果。[①]

（三）建立激励机制

为了充分调动高校思想政治教育教师的积极性和创造性，建立有效的激励机制至关重要。一是激励机制应体现公平公正原则。通过制定明确的考核标准和评价体系，确保每位教师的努力和付出都能得到公正的评价和认可，这不仅增强了教师的职业认同感和归属感，还能激发他们的工作热情。二是激励机制应具有多样性和灵活性。除了传统的薪酬奖励，还采用晋升、荣誉、培训等手段，满足教师不同层次、不同方面的需求。这有助于激发教师的潜能，提升他们的专业素养和教育教学能力。三是激励机制还应注重长期性和稳定性。通过设立长期目标、规划职业发展路径等方式，为教师提供持续的动力和支持。同时要确保激励机制的稳定性和可持续性，避免因政策变动等因素影响教师的积极性和稳定性。

高校思想政治教育的师资队伍建设需要注重选拔与培养，通过明确选拔标准、加大培养力度和建立激励机制等措施，确保师资队伍的整体质量和教育教学能力不断提升。同时，还需要注重营造良好的工作环境和氛围，为教师提供必要的工作支持和帮助，以激发其积极性和创造力。只有这样，才能为高校思想政治教育提供坚实的人才保障，推动其不断发展和进步。

① 任正琳 . 生态文明视域下高校思想政治教育理论与实践研究 [J]. 环境工程 , 2022(9): 336.

四、师资队伍的管理与考核

在构建和完善高校思想政治教育的师资队伍时，科学的管理与考核体系是确保教师队伍高质量、高效率运行的关键。有效的管理能够明确教师的职责和使命，而公正的考核则能够准确评估教师的绩效，激发教师的积极性和创新精神。

（一）建立科学的管理机制

在高校思想政治教育中，建立科学的管理机制是确保师资队伍高效运行的基础，这一机制不仅要符合教育规律，还要紧密结合思想政治教育工作的特殊性。一是要明确教师的职责与使命。教师作为思想政治教育的关键力量，应当承担起传授思想政治理论知识，引导学生树立正确的世界观、人生观和价值观的重要任务。因此，管理机制应明确教师的工作职责，确保他们能够在教学中充分发挥作用。二是管理机制要具有科学性和可操作性。这意味着管理机制应该基于深入的教育教学研究和实践经验，确保各项措施能够得到有效执行。三是管理机制还应该具有灵活性，能够适应不同学校、不同教师群体的实际情况。四是管理机制要注重教师的专业发展和成长。通过为教师提供培训、交流、研究等机会，帮助他们不断提升专业素养和教学能力，从而使他们更好地履行自己的职责和使命。

（二）构建公正的考核体系

在高校思想政治教育师资队伍建设中，构建公正的考核体系对于准确评估教师绩效至关重要。一是考核体系应基于明确的考核标准。这些标准应涵盖教师的教育教学能力、科研能力、师德师风等方面，确保评估的全面性和客观性，同时考核标准应具有可操作性和可衡量性，以便对教师的绩效进行准确评价。二是考核体系应体现公平和透明。考核过程应公开透明，确保每位教师都清楚了解考核流程和标准。考核结果应客观公正，避免主观臆断和偏见，通过公正的考核，真实反映教师的绩效水平，为教师提供准确的反馈和指导。三是考核体系应注重激励与约束。通过设立奖励机制，对表现优秀的教师给予表彰和奖励，激发其工作积极性和创新精神，同时也要对表现不佳的教师进行约谈、辅导或采取调整岗位等约束措施，促进其改进和提升。

（三）强化激励与约束机制

在高校思想政治教育的师资队伍建设中，强化激励与约束机制是激发教师积极性和创新精神的关键。一是激励机制应突出对优秀教师的认可与奖励。通过设立教学优秀奖、科研成果奖等奖项，对在教育教学和科研方面取得突出成果的教师给予表彰和奖励，以此激发教师的工作热情和创新动力。二是约束机制应确保教师队伍的规范运行。通过建立健全规章制度和考核机制，对教师的教育教学行为、科研行为等进行规范，确保教师能够遵守职业道德和教育法规。同时，对违反规定、表现不佳的教师进行约谈、辅导或调整岗位等处理，以保持教师队伍的整体素质和水平。三是要将激励与约束机制相结合，形成有效的管理合力。在激励方面，除了物质奖励，还应注重精神激励和职业发展激励，为教师提供更多的成长空间和晋升机会。在约束方面，要坚持公平公正原则，确保各项制度得到有效执行，对违规行为进行严肃处理。

高校思想政治教育的师资队伍建设离不开科学的管理与考核，通过建立科学的管理机制、构建公正的考核体系及强化激励与约束机制，确保教师队伍的高质量、高效率运行。同时，这也有助于提升教师的专业素养和教学能力，为高校思想政治教育工作的深入开展提供有力保障。在未来的工作中，应不断完善和优化师资队伍的管理与考核体系，以适应时代的发展和教育的需求。

第二节　师资队伍的培训与提升

一、培训计划与实施方案

随着时代的发展和社会的变革，高校思想政治教育工作面临着新的挑战和机遇，为了提升师资队伍的整体素质和教学能力，制订科学、合理的培训计划与实施方案显得尤为重要。下面将详细阐述高校思想政治教育师资队伍的培训计划与实施方案，以期为师资队伍的培训工作提供有益的参考。

（一）制订科学的培训计划

为了保障高校思想政治教育师资队伍的持续发展和提升，制订科学的培训计划是至关重要的。科学的培训计划不仅能够满足教师个人成长的需求，还能确保教育教学质量的稳步提高。

一是在制订培训计划时，必须进行充分的调研和分析。通过深入了解教师队伍的现状、教育教学面临的挑战及未来发展的需求，准确把握培训的重点和方向。这包括了解教师的专业背景、教学经验、研究兴趣及个人发展需求，从而制订出符合教师实际情况的培训计划。

二是科学的培训计划应具有系统性和连贯性。培训计划应涵盖教师成长的各个方面，包括教育教学理论、教学方法与技巧、科研能力培养、师德师风建设等。同时，培训计划应分阶段实施，确保教师在不同阶段都能够获得相应的培训和支持。此外，培训计划还应注重理论与实践相结合，使教师在学习中不断提升自身的教学能力和科研水平。

三是科学的培训计划应具有灵活性和可操作性。由于教师群体的多样性和个性化需求，培训计划应具有一定的灵活性，能够根据不同教师的实际情况进行调整和优化。同时，培训计划应具有可操作性，确保各项培训措施能够得到有效执行和落实。

四是科学的培训计划应注重评估和反馈。在培训过程中，需要定期对培训效果进行评估和反馈，了解教师的学习情况和培训需求，及时发现问题和不足并进行改进，这有助于确保培训计划的针对性和实效性，提高教师的参与度和满意度。

（二）设计有效的实施方案

在制订了科学的培训计划之后，设计一套有效的实施方案是确保培训活动顺利进行并取得预期效果的关键，以下是关于设计有效实施方案的一些建议。

一是实施方案应明确培训的目标和任务。这包括确定培训的具体内容、时间节点、参与人员等，以确保所有参与者对培训活动有清晰的认识和期待。同时，目标设定应具有可衡量性，以便在培训结束后进行效果评估。

二是实施方案应注重参与者的实际需求和兴趣。在制订实施方案时，应充分考虑教师的专业背景、教学经验和个人发展需求，确保培训内容与教师的实际需求相契合。同时，通过问卷调查、座谈会等方式收集教师的意见和建议，提高培训活动的针对性和实效性。

三是实施方案应充分利用现代教育技术和手段。借助互联网、多媒体等现代教育技术，丰富培训形式和内容，提高培训活动的吸引力和互动性。例如，通过在线课程、网络研讨会等，为教师提供更为便捷和灵活的学习途径。

四是实施方案应建立有效的评估和反馈机制。在培训过程中，应定期对培训效果进行评估和反馈，了解教师的学习情况和培训需求，及时发现问题和不足并进行改进。同时，通过问卷调查、教学观摩等方式收集教师的意见和建议，为今后的培训活动提供参考和借鉴。

制订科学的培训计划与实施方案是提升高校思想政治教育师资队伍整体素质和教学能力的关键。要通过科学的规划和有效的实施，全面提升教师的专业素养和教学能力，为高校思想政治教育工作的开展提供有力的人才保障。在未来的工作中，应不断完善和优化培训计划与实施方案，以适应时代的发展和教育的需求。

二、培训内容与形式

随着时代的发展和社会的变迁，高校思想政治教育的师资队伍建设面临着新的机遇与挑战。为了确保教师能够跟上时代的步伐，不断提升其专业素养和教学能力，需要精心设计培训内容与形式，以满足教师的实际需求和发展方向。

（一）培训内容应全面而深入

在高校思想政治教育的师资队伍建设中，培训内容的选择至关重要，为了确保教师能够全面而深入地掌握思想政治教育的核心知识和技能，培训内容必须精心设计和安排。一是培训内容应全面覆盖思想政治教育的各个方面。这包括马克思主义理论、中国特色社会主义理论体系、党的路线方针政策等基础理论，以及思想政治教育方法、学生心理辅导、现代教育技术等实践技能，通过全面系统地学习，教师可以构建扎实的理论基础和积累丰富的实践经验。二是培训内容应具有一定的深度。除了基本的理论知识，还应深入探讨当前社会热点问题和时事政策，引导教师从多个角度分析和思考问题。三是还应注重培养教师的创新思维和批判性思维能力，鼓励他们在实践中不断探索和创新。

（二）培训形式应多样而灵活

在高校思想政治教育的师资队伍培训中，培训形式的多样性和灵活性对于提高培训效果至关重要。一是培训形式应多样化。除了传统的讲座、报告等授课形式，还应引入小组讨论、案例分析、模拟教学等互动性强、参与度高的培训方式。这些形式能够激发教师的参与热情，让他们在交流中碰撞思想、分享经验，从而更深入地理解和掌握培训内容。二是培训形式应具有灵活性。由于教师的工作时间和学习需求存在差异，培训形式应能够灵活调整，以满足不同教师的需求。例如，采用线上与线下相结合的方式，教师可以在工作之余利用碎片时间进行学习；也可设置不同时间段的培训课程，以便教师根据自己的时间安排进行选择。

（三）培训应与实践相结合

在高校思想政治教育的师资队伍培训中，理论与实践的结合是提升培训效果的关键，只有将培训内容应用到实际教学中，教师才能真正掌握并熟练运用所学知识，进而提升教学质量。一是培训过程中应融入实践环节。通过组织教学观摩、课堂实践等，让教师在实践中感受理论知识的应用，加深对知识的理解和记忆。这些实践环节能够帮助教师迅速将所学知识转化为教学能力，提高教学效果。二是培训应关注教师的实践经验反馈。在培训结束后，应鼓励教师将所学内容应用到实际教学中，并通过教学反思、经验分享等，不断总结和提升自身的教学能力。同时还应建立有效的反馈机制，及时收集教师在实践中的问题和建议，以便对培训内容和方法进行持续优化。

在高校思想政治教育的师资队伍建设中，培训内容与形式的设计和实施至关重要，通过全面而深入的培训内容、多样而灵活的培训形式及与实践相结合的培训方式，为教师提供有力支持并帮助他们不断提升专业素养和教学能力。这将有助于推动高校思想政治教育工作的不断创新和发展，并为社会培养更多优秀人才。

三、培训效果评估

在高校思想政治教育的师资队伍建设过程中，培训效果的评估是确保培训质量、推动教师持续发展的关键环节。通过科学、系统的评估，全面了解培训的实际效果，发现存在的问题和不足，为今后的培训提供改进方向。

（一）评估的重要性与必要性

在高校思想政治教育的师资队伍建设中，培训效果评估的重要性与必要性不容忽视。

一是评估是确保培训质量的关键环节。通过科学、系统的评估，全面、客观地了解培训的实际效果，判断培训目标是否实现、培训内容是否实用、培训形式是否有效。这有助于发现问题、总结经验，为今后的培训提供改进方向和依据。

二是评估是提升教师参与热情和积极性的重要手段。当教师看到自己的努力和付出得到认可时，他们会更加珍惜培训机会，积极参与培训活动，不断提升自身的教学能力和专业素养。这种正向的激励机制有助于形成良好的学习氛围和团队精神，推动高校思想政治教育工作的持续发展。

三是评估还有助于优化培训资源配置。通过评估了解不同培训项目的效果和投入产出的比例，从而合理分配培训资源，确保资源的高效利用，这有助于提高培训效率，降低培训成本，为高校思想政治教育的师资队伍建设提供有力支持。

四是评估也是推动高校思想政治教育工作创新发展的重要途径。通过评估发现新的教学方法和手段，探索新的培训模式和路径，为高校思想政治教育工作注入新的活力和动力，这有助于不断满足时代发展的需要，提高思想政治教育的针对性和实效性。

（二）评估的方法与工具

在高校思想政治教育的师资队伍建设中，评估方法与工具的选择对于准确衡量培训效果至关重要，有三种常用的评估方法与工具。

一是问卷调查法。这是一种广泛使用的评估方法。通过设计有针对性的问卷，收集参与培训的教师对培训内容、形式、效果等方面的意见和建议。这种方法能够快速获取大量数据，为评估提供量化依据，同时问卷调查的结果也便于统计和分析，有助于全面了解教师的需求和满意度。

二是课堂观察法。这是一种直观有效的评估方法，通过深入课堂，观察教师的教学表现、师生互动、课堂氛围等方面，了解培训对教师实际教学能力的提升程度。课堂观察能够直接反映教师的专业素养和教学技能，提供第一手资料。

三是成果展示法。这也是一种重要的评估方法。通过要求教师提交教学案例、教学反思、论文等成果，展示他们在培训过程中的学习和收获。这种方法能够直观地反映教师的学习成果和实践能力，有助于准确评估培训效果。在评估工具方面，利用现代信息技术手段，如在线调查系统、数据分析软件等，提高评估的效率和准确性，这些工具能够方便地收集、整理和分析数据，帮助更加科学地评估培训效果。

（三）评估结果的运用与改进

在高校思想政治教育的师资队伍建设中，评估结果的有效运用与持续改进是确保培训效果持续提升的关键，以下是关于评估结果运用与改进的四点思考。一是评估结果应作为反馈和改进的依据。通过分析评估数据，发现培训中存在的问题和不足，如培训内容与实际需求不符、培训形式不够多样化等，针对这些问题，需要及时调整培训方案，优化培训内容和形式，以满足教师的实际需求。二是评估结果应作为教师个人发展的指导。通过了解教师在培训中的表现和收获，为教师提供个性化的指导和建议，帮助他们明确自身的发展方向和目标。同时，评估结果也可作为教师晋升、评优的重要依据，激发教师的积极性和创造力。三是评估结果还应用于优化培训资源配置。通过评估不同培训项目的效果和投入产出比，合理配置培训资源，确保资源的高效利用，这不仅提高了培训效率，还降低了培训成本，为高校思想政治教育的师资队伍建设提供更加有力的支持。四是评估结果的运用与改进需要建立长效机制。应该将评估工作纳入师资队伍建设的常规工作中，定期开展评估活动并不断完善评估体系和方法。通过长期的、持续的评估与改进，不断提高培训质量，推动高校思想政治教育的师资队伍不断壮大和发展。

在高校思想政治教育的师资队伍建设中，培训效果评估是一项至关重要的工作，通过科学、系统的评估，全面了解培训的实际效果并发现存在的问题和不足，从而为今后的培训提供改进方向。同时，评估也激发教师的参与热情和积极性，形成良好的学习氛围和团队精神，推动高校思想政治教育工作的不断创新和发展。在未来的工作中应该继续加强培训效果评估工作，不断完善评估体系和方法，为高校思想政治教育的师资队伍建设提供有力支持。

四、提升师资队伍整体素质的途径

在高校思想政治教育的师资队伍建设中，提升教师的整体素质是关键，这不仅是提高教学效果、培养优秀人才的需要，也是推动高校思想政治教育工作创新发展的重要保障。下面将从三个方面探讨提升师资队伍整体素质的途径。

（一）加强师德师风建设

师德师风建设是提升高校思想政治教育师资队伍整体素质的首要任务。师德，即教师的职业道德，是教师从事教育工作时应遵循的基本准则；师风，则是教师在教育实践中展现出来的精神风貌。一是加强师德师风建设需要教师树立崇高的职业理想，忠诚于党的教育事业，坚定理想信念，自觉践行社会主义核心价值观。二是教师应以身作则，树立良好的师德形象，做到言行一致、表里如一，为学生树立榜样，同时教师应注重培养学生的道德品质和社会责任感，引导他们树立正确的世界观、人生观和价值观。此外，高校应建立健全师德师风建设的长效机制，通过制定相关制度和规范，明确教师的职业道德和行为准则，加强教师的职业道德教育和培训，提高教师的职业道德水平。同时，高校还应加强对教师职业道德的监督和评价，对违反职业道德的行为进行严肃处理，维护良好的教育环境。

（二）提高教师专业素养

提高教师的专业素养是确保高校思想政治教育工作取得实效的关键。专业素养不仅涵盖了教师深厚的学科知识和教学技能，还包括他们对教育理念、教学方法及学生需求的深入理解。一是教师需要不断更新自身的知识体系，了解思想政治教育领域的前沿理论和动态，这可以通过定期参加学术研讨会、阅读专业书籍和期刊等途径实现。二是教师需要掌握多样化的教学方法和手段，以适应不同学生的学习需求。例如，利用现代信息技术手段，如多媒体教学、在线教学等，提高教学效果。

此外，教师还应注重实践教学能力的培养，通过参与社会实践、指导学生实习等方式，将理论知识与实践结合起来，提高解决实际问题的能力。高校应提供丰富的培训资源和机会，如组织专业讲座、工作坊、教学观摩等活动，帮助教师提升专业素养，同时建立激励机制，鼓励教师参与学术研究、发表学术成果，形成浓厚的学术氛围。

（三）加强教师团队协作与交流

在高校思想政治教育的师资队伍建设中，加强教师团队协作与交流是提升整体教学水平和创新能力的重要途径。一是团队协作能够集中教师的智慧和力量，共同解决教学中的难题，通过集体备课、教学研讨等，教师相互学习、相互借鉴，形成教学合力，提高教学效果。二是加强教师之间的交流有助于拓宽视野、激发创新思维，不同教师具有不同的学术背景和教学经验，通过交流碰撞出思想的火花，产生新的教学理念和教学方法。此外，高校应搭建多样化的交流平台，如举办学术沙龙、教学论坛等活动，为教师提供展示自己、交流思想的机会。同时，鼓励教师之间的跨学科合作，促进不同学科之间的融合与交流，拓宽教师的学术视野和研究领域。

提升高校思想政治教育的师资队伍整体素质需要从多方面入手，加强师德师风建设、提高教师专业素养、加强教师团队协作与交流是三个重要的途径。通过这些途径的实施，引导教师树立正确的教育理念、增强责任感和使命感、提高专业素养和实践能力、促进团队协作与交流等。这将有助于提高教师的整体素质和教学水平，为培养优秀人才和推动高校思想政治教育工作的创新发展提供有力保障。

第三节　师资队伍的科研与创新能力

一、科研项目的申报与实施

随着高等教育的快速发展，科研已成为高校师资队伍建设的重要组成部分，科研项目的申报与实施，不仅能够提升教师的科研能力，还能推动思想政治教育工作的创新与发展。因此，加强师资队伍的科研与创新能力建设，对于提高高校思想政治教育质量具有重要意义。

（一）科研项目申报的重要性

科研项目申报对于高校思想政治教育师资队伍的建设与发展具有不可替代的重要作用。一是科研项目申报是提升教师科研能力的重要手段。在申报过程中，教师需要深入研究相关领域的理论前沿和实践问题，这有助于教师积累知识、提升研究水平，并逐步形成自己的研究特色和方向。二是科研项目申报能够推动教师将科研成果转化为教学实践，促进教学内容和方法的创新，从而提高思想政治教育的质量和效果。三是科研项目的成功申报和实施，还能为教师提供与同行交流合作的平台，扩大教师的学术影响力，增强教师的职业成就感。因此，高校应高度重视科研项目申报工作，为教师提供必要的支持和帮助，推动教师积极参与科研项目申报，提升整个师资队伍的科研水平和创新能力。

（二）科研项目实施的关键环节

科研项目实施是高校思想政治教育师资队伍科研工作的核心环节，其成功与否直接关系到科研目标的达成和成果的质量。一是明确的研究设计与方案制订是科研项目实施的基础。教师需要针对研究问题，设计科学的研究方法，制订详细的实施计划，确保研究的系统性和逻辑性。二是数据收集与分析是科研项目实施的关键步骤。教师需要运用专业工具和技术，准确、全面地收集数据，并通过深入分析来揭示数据背后的规律和联系。三是研究成果的总结与转化也是不可忽视的一环。教师需要将研究成果进行系统的整理和总结，形成具有学术价值和实践意义的成果，并通过教学、讲座等方式将成果转化为教育资源，推动思想政治教育工作的创新与发展。因此，把握好科研项目实施的关键环节，对于提升教师的科研能力和水平具有重要意义。

（三）提升师资队伍科研与创新能力的途径

提升高校思想政治教育师资队伍的科研与创新能力，需要多方面的途径与策略。一是高校应定期举办科研方法培训，引导教师掌握最新的科研技术和理论，培养教师的科研素养。二是鼓励教师组建跨学科、跨领域的科研团队，通过团队协作提升整体科研水平，并促进不同学科之间的交流与融合。三是高校还应建立健全科研激励机制，对在科研工作中取得显著成果的教师给予物质和精神上的双重奖励，激发教师的科研热情和创新精神。四是加强与国际国内重点高校和先进科研机构的交流合作，引进优质教育资源，拓宽教师的学术视野，这是提升师资队伍科研与创新能力的重要途径。通过这些措施，有效提升高校思想政治教育师资队伍的科研与创新能力，为培养高素质人才和推动学科发展奠定坚实基础。

科研项目的申报与实施是提升高校思想政治教育师资队伍科研与创新能力的重要途径。通过加强科研培训、建立科研团队和建立科学的激励与考核机制等措施，有效提升教师的科研素养和创新能力，为思想政治教育工作的深入发展提供有力保障。

二、科研成果的转化与应用

科研成果的转化与应用是科研工作的最终目的，也是提升高校思想政治教育师资队伍科研创新能力的关键环节。通过科研成果的转化与应用，不仅将研究成果转化为教学资源，推动思想政治教育工作的创新发展，还可提高教师的科研积极性，促进师资队伍整体水平的提升。

（一）科研成果转化的重要性

科研成果转化在高校思想政治教育中占据举足轻重的地位。一是它是理论与实践相结合的关键环节。通过将最新的科研成果融入教学实践，使教育内容更加贴近时代、贴近学生，增强教学的针对性和实效性。二是科研成果的转化有助于推动教学方法的创新。引入新的教学理念和方法，丰富教学手段，激发学生的学习兴趣和主动性。三是科研成果的转化还能够提升学科的学术影响力和社会地位，增强学科的生命力和活力。

对于高校思想政治教育的师资队伍而言，科研成果的转化更是提升教师科研能力和教学水平的重要途径，它不仅能够激发教师的科研热情和创新精神，还能够促进教师间的交流与合作，形成良好的学术氛围。同时，科研成果的转化还有助于增强教师的职业认同感和成就感，提升教师的综合素质和教学水平。

（二）科研成果转化的有效途径

在高校思想政治教育领域，科研成果的转化是确保学术研究与教学实践紧密结合的关键。要实现有效的科研成果转化，以下途径值得探索。一是将科研成果融入课程设计。教师应将最新的研究成果作为教学案例，设计富有启发性的课程内容，使学生能够在实践中理解和应用理论知识。二是加强产学研合作。高校与企业、社会机构等建立合作关系，共同开展科研项目，将研究成果转化为实际应用产品或服务，实现科研成果的社会价值。三是举办学术研讨会和成果展示活动。通过展示最新的科研成果，吸引同行和业界的关注，促进科研成果的交流和传播，为转化提供更多机会。四是建立健全科研成果转化机制。高校应制定相关政策，明确科研成果转化的流程和要求，提供必要的支持和保障，确保科研成果转化的顺利进行。通过这些途径，有效促进高校思想政治教育科研成果的转化，推动教育教学的创新与发展。

（三）优化科研成果转化与应用的环境

为了促进高校思想政治教育科研成果的有效转化与应用，构建一个良好的环境是至关重要的，以下是一些优化科研成果转化与应用环境的建议。一是高校应建立激励机制。对在科研成果转化与应用中做出显著贡献的教师给予表彰和奖励，包括物质奖励和职业发展机会，以激发教师的积极性和创造力。二是提供充足的资源支持。高校应加大对科研工作的投入，为教师提供必要的实验设备、图书资料、经费等支持，为科研成果的转化与应用提供坚实的物质保障。三是加强政策引导。政府应出台相关政策，鼓励高校与企业、社会机构等开展产学研合作，推动科研成果的转化与应用，同时高校内部也应制定相关政策，明确科研成果转化的流程和要求，为转化工作提供明确的指导和支持。四是加强学术交流与合作。高校应鼓励教师参加国内外学术会议和研讨会，与同行进行交流和合作，分享最新的科研成果和转化经验，推动科研成果的广泛传播和应用。

科研成果的转化与应用是提升高校思想政治教育师资队伍科研创新能力的重要途径，通过加强科研成果的转化与应用工作，促进教学资源的更新、教学方法的创新和学科影响力的提升。同时，高校应通过建立激励机制、提供资源支持并加强政策引导等措施来优化科研成果转化与应用的环境，为提升师资队伍的科研创新能力提供有力保障。

三、创新能力的提升与培养

在高等教育日益国际化的背景下，提升师资队伍的科研与创新能力显得尤为重要。创新能力不仅是教师个人发展的重要支撑，更是推动高校思想政治教育工作不断创新发展的关键动力。因此，探讨如何提升与培养师资队伍的创新能力，对于促进高校思想政治教育工作的长远发展具有重要意义。

（一）明确创新能力的内涵与要求

在探讨如何提升高校思想政治教育师资队伍的创新能力时，需要明确创新能力的内涵与要求，创新能力并非简单的"标新立异"或"与众不同"，而是一种综合性的能力，它涵盖了多个方面。一是创新能力要求教师具备敏锐的洞察力和深邃的思考力。教师需要能够从复杂多变的教育实践中发现问题，并透过现象看本质，找到问题的根源和实质。这种能力需要教师具备深厚的理论功底和丰富的实践经验，能够站在更高的角度审视问题，提出独到的见解和解决方案。二是创新能力要求教师具备开放的心态和宽广的视野。教师需要勇于接受新的教育理念和方法，敢于挑战传统和权威，不断学习和吸收新知识、新技能。同时教师还需要具备跨文化、跨领域的交流能力，能够与其他学科领域的专家进行深入的交流和合作，共同推动教育创新。三是创新能力还要求教师具备创新实践的能力。教师需要将创新理念和方法付诸实践，通过具体的案例和实践活动来检验其可行性和有效性。这种能力需要教师具备丰富的实践经验和较强的实践能力，能够灵活应对各种复杂情况，及时调整和创新自己的教学策略和方法。

（二）构建创新能力的培养体系

构建创新能力的培养体系是提升高校思想政治教育师资队伍创新能力的关键环节，有效的培养体系能够为教师提供明确的发展方向和有效的培养途径，激发其创新潜力。一是需要建立完善的创新教育培训机制。这包括定期举办创新教育培训班、研讨会和讲座，邀请专家学者分享创新经验和成果，引导教师树立创新意识，掌握创新方法。同时，还要利用在线教育资源，为教师提供便捷的学习途径，鼓励其自主学习和持续进步。二是要构建多元化的创新实践平台。高校设立创新实验室、创新工作室等实践基地，为教师提供开展创新实践活动的场所和资源。同时还与企业、科研机构等合作，共同开展创新项目，促进产学研深度融合，为教师提供更多的创新实践机会。三是应建立科学的评价体系和激励机制。高校制定针对教师创新能力的评价标准和指标体系，将创新能力作为教师职称评定、绩效考核等方面的重要指标。同时，设立创新成果奖励制度，对取得显著创新成果的教师给予表彰和奖励，激发其创新热情和积极性。

（三）营造创新氛围与文化

在高校思想政治教育工作中，营造创新氛围与文化是激发师资队伍创新潜能、推动教育创新发展的关键。一个鼓励创新、宽容失败的环境，能够让教师敢于尝试、勇于创新，从而推动教育工作不断进步。一是高校应倡导开放包容的学术氛围，鼓励教师自由表达观点、敢于质疑权威，允许不同学术思想碰撞交流。这种氛围能够激发教师的创新思维，拓宽其学术视野，为创新提供源源不断的动力。二是高校应建立激励机制，对创新成果给予充分肯定和奖励。这不仅能够激发教师的创新热情，还能够让其他教师看到创新的价值和可能，从而积极参与创新活动。而对于创新过程中出现的失败和挫折，高校应给予理解和支持，鼓励教师从失败中吸取教训，继续前行。三是高校还应加强校园文化建设，将创新精神融入校园文化之中。通过举办创新大赛、设立创新基金、开展创新讲座等形式多样的活动，让创新成为校园文化的重要组成部分。这种文化氛围能够潜移默化地影响教师，使其更加关注创新、追求创新。

提升与培养师资队伍的创新能力是高校思想政治教育工作的重要任务。通过明确创新能力的内涵与要求、构建创新能力的培养体系、营造创新氛围与文化等措施，不断提升师资队伍的创新能力，推动高校思想政治教育工作的创新与发展。同时，这也需要高校、教师、学生等共同努力和协作，共同营造一个充满活力和创新精神的思想政治教育环境。

四、学术交流与合作

学术交流与合作是提升教师科研与创新能力的重要途径。通过与其他高校、研究机构及行业的专家学者进行深入的交流与合作，教师拓宽学术视野，了解最新的研究成果和趋势，激发创新灵感，从而不断提升自己的科研与创新能力。

（一）学术交流与合作的重要性

学术交流与合作在高校思想政治教育的师资队伍建设中占据着举足轻重的地位。一是学术交流与合作极大地拓宽了教师的学术视野。在学术交流的过程中，教师们能够接触到不同领域、不同学派的最新研究成果和理论观点，这有助于打破传统的思维定式，激发创新的灵感。二是学术交流与合作能够促进知识的共享与互补。不同学科、不同研究领域的专家学者在交流中能够相互学习、相互借鉴，实现知识的共享和互补。这种跨学科的交流和合作，有助于推动学科交叉融合，产生新的研究思路和方法，为思想政治教育的研究提供新的视角和工具。三是学术交流与合作有助于提升教师的科研能力。通过参与高水平的学术交流活动，教师了解到最新的科研动态和趋势，掌握先进的科研方法和技能。同时，与同行的深入交流和讨论，也能够让教师发现自身研究中的不足和问题，从而有针对性地改进和提升。四是学术交流与合作还能够加强国际合作与交流。随着全球化的不断深入，国际的学术交流与合作越来越频繁。通过参与国际性的学术交流活动，教师与国际同行建立联系，了解国际上的最新研究成果和趋势，推动国际的合作与交流，提升我国思想政治教育的国际影响力。

（二）学术交流与合作的形式与途径

在高校思想政治教育师资队伍的建设中，学术交流与合作扮演着至关重要的角色，为了有效地促进教师之间的知识分享和合作研究，需要采取多种形式和途径来推动学术交流与合作。一是学术研讨会和论坛是学术交流与合作的重要形式。这些活动汇聚了来自不同高校、研究机构的专家学者，就某一专题进行深入探讨和交流。教师通过参与这些活动，了解最新的研究成果和学术动态，拓宽学术视野，激发创新思维。二是学术讲座和报告也是学术交流与合作的重要途径。通过邀请知名专家学者来校进行讲座和报告，将最新的学术观点和研究成果传递给广大教师，激发教师的学术兴趣和研究热情。同时，这种形式的交流也有助于建立学术联系，为后续的合作研究打下基础。三是网络学术交流平台也为教师提供了便捷的学术交流与合作途径。教师通过在线平台参与国际学术讨论、分享研究成果、建立学术社交网络等，这种形式的交流具有实时性、互动性强的特点，能够加速学术信息的传播和共享。四是高校间的合作项目也是学术交流与合作的重要形式。通过联合开展科研项目、共建实验室等方式，实现资源共享、优势互补，推动科研成果的产出和应用。这种形式的合作有助于提升教师的科研能力，促进学科交叉融合和创新发展。

（三）加强学术交流与合作的策略

为了加强高校思想政治教育师资队伍的学术交流与合作，需要制定并实施一系列有效的策略，以下是四个关键的策略建议。

一是构建广泛的学术交流网络。高校应积极与国内外其他高校、研究机构及行业组织建立合作关系，搭建学术交流的平台，通过定期举办或参与学术研讨会、论坛、讲座等活动，促进教师之间的深入交流和合作。

二是建立激励机制以鼓励教师参与学术交流与合作。高校设置相应的奖励机制，对在学术交流与合作中取得突出成果的教师给予表彰和奖励。这不仅能够激发教师的参与热情，还能提升整个师资队伍的学术水平和创新能力。

三是加强国际化交流与合作。高校应积极参与国际学术交流与合作，扩大国际视野，引进国外先进的学术理念和研究方法。通过与国际知名高校和研究机构的合作，提升我国思想政治教育师资队伍的国际化水平。此外，还应加强跨学科的合作与交流。高校应鼓励不同学科之间的交叉融合，打破学科壁垒，促进知识的共享和互补，通过跨学科的合作与交流，产生新的研究思路和方法，推动思想政治教育的创新发展。

四是加强学术成果的转化与应用。高校应重视学术成果的转化与应用，将学术成果转化为实际的教学成果和社会价值，这不仅能够提升教师的学术影响力，还能推动高校思想政治教育工作的实践创新。

学术交流与合作是提升高校思想政治教育师资队伍科研与创新能力的重要途径。通过加强学术交流与合作，教师能拓宽学术视野、掌握前沿学术思想与方法、发现自己的不足之处并不断完善自己的学术体系和研究方法。因此，高校应高度重视学术交流与合作工作，为教师提供更多的机会和平台，以推动教师的科研与创新能力不断提升。

第四节　师资队伍的师德师风建设

一、师德师风的内涵与重要性

在高等教育体系中，师德师风建设是提升教师队伍整体素质、确保教育质量的关键环节。对于思想政治教育而言，教师的师德师风更是直接影响着学生的道德观念、价值判断及未来的发展方向。因此，深入理解并把握师德师风的内涵与重要性，对于加强高校思想政治教育师资队伍建设具有重要意义。

（一）师德师风的内涵

师德师风，作为教师队伍的核心素养，其内涵丰富而深远，它不仅仅是教师个人品德的体现，更是教育理念的传承和教学行为的规范。师德，指的是教师在教育教学过程中应遵循的职业道德规范，涵盖爱国守法、爱岗敬业、关爱学生、教书育人、为人师表、终身学习等方面。它要求教师在传授知识的同时，更要注重对学生品德的培养和心灵的塑造，以身作则，为学生树立良好的道德榜样。

师风，则是指教师在教育教学过程中所展现出来的精神风貌和行为风范，它要求教师在工作中严谨治学、勤奋务实，勇于创新教学方法和手段，不断提升自身的专业素养和教学能力。同时，师风还强调教师与学生之间的平等交流和互动合作，尊重学生的个性差异和多元发展，努力营造积极向上的教育氛围。在高等教育领域，特别是在思想政治教育领域，师德师风的内涵显得尤为重要。它不仅关系到教师的个人形象和职业发展，更关系到学生的健康成长和人才培养的质量。

（二）师德师风建设的重要性

师德师风建设在高校教育中占据着举足轻重的地位，其重要性不容忽视。一是师德师风是教师的灵魂，是教育质量的基石。一个拥有高尚师德和优良师风的教师，能够以身作则，引导学生树立正确的世界观、人生观和价值观，为学生的全面发展奠定坚实基础。二是师德师风建设有助于提升教师的职业素养和教学能力。通过加强师德师风教育，教师不断提升自身的道德素质和职业素养，更好地履行教书育人的职责。同时，师德师风建设还能够促进教师之间的交流与合作，形成积极向上的教育氛围，推动教育教学的创新发展。三是师德师风建设对于培养学生的道德品质和综合素质具有重要意义。学生是教师教育教学的直接受益者，教师的师德师风直接影响着学生的道德观念和行为习惯。一个拥有良好师德师风的教师，能够为学生树立榜样，引导学生形成良好的道德品质和行为习惯，为学生的未来发展奠定坚实基础。四是师德师风建设也是高校社会声誉和形象的重要体现。高校作为人才培养的重要基地，其教师的师德师风直接影响着高校的社会声誉和形象。加强师德师风建设，有助于提升高校的社会声誉和形象，为高校的发展赢得更多的社会支持。

师德师风建设是高校思想政治教育师资队伍建设的重要组成部分，通过深入理解并把握师德师风的内涵与重要性，加强师德师风建设，提升教师的职业道德素养和教学能力，为学生树立正确的道德观念和价值判断提供有力保障。同时，加强师德师风建设还能够提升高校思想政治教育的社会声誉和影响力，为高校的发展赢得更多的社会支持。因此，高校应高度重视师德师风建设，采取有效措施加强师德师风教育和监督管理，推动高校思想政治教育师资队伍整体素质的不断提升。

二、师德师风建设的意义与原则

在高校思想政治教育中，师资队伍的师德师风建设具有极其重要的地位，师德师风不仅是教师个人修养的体现，更是影响学生成长成才的关键因素。加强师德师风建设，对于提升教师整体素质、优化教育环境、推动高校思想政治教育工作具有重要意义。同时，师德师风建设也需要遵循一定的原则，以确保其有效性和可持续性。

（一）师德师风建设的意义

在高校思想政治教育中，师德师风建设扮演着至关重要的角色，这不仅关乎教师个人的道德品质和职业操守，更会直接影响到学生的成长成才和整个教育环境的健康发展。以下是师德师风建设所蕴含的深刻意义。

一是师德师风建设是提升教师职业道德水平的关键途径。教师作为知识的传播者和学生成长的引路人，其道德品质和职业操守直接影响着学生的价值观念和道德观念。通过加强师德师风建设，教师能够更加明确自己的职责和使命，坚定教育信念，树立正确的职业价值观，从而不断提升自身的职业道德水平。

二是师德师风建设对于优化教育环境具有积极作用。优秀的教师团队能够为学生营造良好的学习环境和氛围。通过加强师德师风建设，教师将更加注重自身的言行举止，积极营造积极向上、和谐融洽的教育环境，在这样的环境中，学生将更容易激发学习的热情和创造力，实现全面发展。

三是师德师风建设是推动高校思想政治教育工作的重要支撑。高校思想政治教育是培养学生正确世界观、人生观和价值观的重要途径，教师的师德师风将直接影响思想政治教育的效果。通过加强师德师风建设，教师将更加注重思想政治教育的重要性，积极探索有效的教育方法和手段，提高思想政治教育的针对性和实效性。

四是师德师风建设也是提升高校整体办学水平的重要保障。教师的师德师风是高校整体办学水平的重要体现之一。通过加强师德师风建设，进一步提升高校教师的整体素质，提高教育教学质量，从而增强高校的竞争力和社会影响力。

（二）师德师风建设的原则

师德师风建设的原则，是确保教师职业道德和行为规范的基础，对于培养德智体美劳全面发展的社会主义建设者和接班人具有重要意义。以下是师德师风建设的六点原则。

第一，以人为本，全面发展。强调以学生的需求为导向，关注学生的全面发展，注重培养学生的综合素质和能力，同时也注重教师的个人发展，为教师提供成长的空间和机会，实现教师与学生的共同进步。

第二，严守职业道德和行为规范。教师须恪守职业道德，维护教育公正，严格遵守职业行为规范，不违法违纪、无越轨行为，以身作则，为学生树立表率。

第三，爱岗敬业，为人师表。热爱教育事业，全身心投入教学工作，以高度的事业心和责任感对待每一个学生，做到言行一致，以身作则，用自己的行为影响和感染学生。

第四，注重教学质量和效果。强化教学管理，注重提高教学质量和效果，积极探索教学方法和教学手段的创新，激发学生的学习兴趣和创造力，促进学生的全面发展。

第五，尊重学生，关心学生。尊重学生的人格尊严，关心学生的思想、情感、身体和生活，建立良好的师生关系，倾听学生的意见和建议，关注学生的需求和感受，为学生的成长和发展提供支持和帮助。

第六，关注教育公平和社会责任。积极推进素质教育，促进教育公平，推动教育现代化，履行社会责任，为国家和社会培养有用的人才，为社会的发展做出贡献。

师德师风建设是高校思想政治教育师资队伍建设的重要组成部分，通过加强师德师风建设，提升教师的职业道德水平、优化教育环境、推动高校思想政治教育工作。在师德师风建设中，需要遵循以人为本、全面发展和持续发展的原则，确保师德师风建设的有效性和可持续性，同时也需要不断探索和实践新的方法和手段，推动师德师风建设不断向前发展。

三、师德师风建设的途径与方法

师德师风建设是高校师资队伍建设中不可或缺的一环，它不仅影响着教师的职业形象，更直接关系到学生的成长和教育的质量。因此，探讨师德师风建设的途径与方法，对于提升教师素质、优化教育环境具有重要意义。

（一）明确师德师风建设的目标

在高等教育领域，师德师风建设是提升教师素质、优化教育环境、确保教育质量的关键环节，明确师德师风建设的目标，不仅有助于把握工作方向，还能有效推动教师职业道德的提升和教育教学质量的提高。一是师德师风建设的核心目标是提升教师的职业道德水平，这意味着教师需要具备高尚的品德、坚定的教育信念和崇高的职业责任感。他们应当时刻以学生的成长为己任，关注学生的全面发展，用爱心和耐心去引导学生，帮助他们树立正确的价值观和人生观。二是师德师风建设还旨在塑造良好的教育风气，这要求教师不仅要注重个人的道德修养，还要积极参与学校和社会活动，以自身的言行举止影响学生和社会。通过教师的示范和引领，营造一个积极向上、和谐融洽的教育环境，让学生在这样的氛围中茁壮成长。三是师德师风建设还应关注教师的专业发展。教师作为知识的传播者和学生成长的引路人，需要不断更新自己的知识和技能，以适应不断变化的教育需求。因此，师德师风建设应当鼓励教师积极参与培训和学习，提升自身的教学水平和综合素质。

（二）构建师德师风建设的体系

在推进高校师德师风建设的过程中，构建一个全面、系统、有效的建设体系是至关重要的，这样的体系能够确保师德师风建设有章可循、有规可依，从而实现长期、稳定的发展。一是构建师德师风建设的体系需要明确制度保障。通过制定和完善相关的规章制度，明确教师的职责和权利，规范教师的行为，为师德师风建设提供制度保障。这些制度应当包括教师职业道德规范、教学行为规范、师德师风考核评估办法等，确保师德师风建设有章可循。二是教育培训是构建师德师风建设体系的重要环节。通过组织定期的教师培训、专题研讨、案例分析等活动，提高教师对师德师风重要性的认识，引导教师树立正确的教育观念，增强教师的职业责任感和使命感。同时注重教师的个人成长和发展，为教师提供学习和进步的机会，帮助教师不断提升自身的综合素质和教学能力。三是师德师风建设体系还需要建立有效的考核评估机制。通过定期的师德师风考核评估，对教师的职业道德、教学行为、师生关系等方面进行评价和反馈。对于表现优秀的教师给予表彰和奖励，对于存在问题的教师及时给予指导和帮助，促进其改进和提高。这样的考核评估机制能够激励教师积极参与师德师风建设，推动师德师风建设的深入开展。

（三）发挥教师的主体作用

在师德师风建设中，教师是不可或缺的主体力量，其积极性、主动性和创造性的发挥，直接关系到建设的成效，因此发挥教师的主体作用至关重要。一是激发教师的内在动力。通过宣传教育，使教师深刻理解师德师风的重要性，从内心深处认识到师德师风建设对于个人成长、学生发展及教育事业的重要意义，从而自觉投入师德师风建设中。二是鼓励教师积极参与。为教师提供参与师德师风建设的平台和机会，如组织师德师风研讨会、分享会等活动，让教师能够相互交流、学习、借鉴，共同推动师德师风建设的深入发展。三是尊重教师的主体地位。在师德师风建设中，要尊重教师的专业性和独立性，充分发挥教师在教育教学中的主导作用，让教师能够在实践中不断探索、创新，形成具有个人特色的师德师风。

师德师风建设是高校师资队伍建设中的一项重要任务，通过明确师德师风建设的目标、构建师德师风建设的体系、发挥教师的主体作用等途径和方法，不断提升教师的职业道德水平、塑造良好的教育风气、促进学生的全面发展。同时，师德师风建设也是一个长期的过程，需要不断地探索和实践新的方法和手段，推动其不断向前发展。

四、师德师风建设的长效机制

师德师风建设是一个持续而漫长的过程，需要建立长效机制来确保其稳定性和持久性。长效机制不仅有助于提升教师的职业道德水平，还能促进教育环境的优化和教育教学质量的提升。因此，构建师德师风建设的长效机制，对于高校思想政治教育的师资队伍建设具有重要意义。

（一）建立健全师德师风教育制度

在高校思想政治教育的师资队伍建设中，建立健全师德师风教育制度是关键的一环，这一制度不仅为教师的职业道德培养提供了明确的指导，也为师德师风建设提供了坚实的制度保障。一是师德师风教育制度应明确教育目标。制度应旨在提升教师的职业道德水平，增强教师的职业责任感和使命感，使教师能够以身作则，为学生树立榜样。同时，制度还应注重培养教师的教育情怀，激发教师热爱教育事业、献身教育事业的热情。二是师德师风教育制度应规定教育内容。教育内容应涵盖教师职业道德的基本理论、规范和要求，以及教师职业道德的实践案例和经验分享。通过系统的学习和讨论，使教师深入理解师德师风的重要性，掌握师德师风的基本要求和标准。三是师德师风教育制度应规定教育方式。教育方式应多样化，包括专题讲座、案例分析、小组讨论、实践体验等形式，通过多种形式的教育活动，使教师能够全面、深入地了解师德师风的要求，提高教师的职业道德素养。四是师德师风教育制度应建立考核机制。通过定期考核和评估，了解教师师德师风教育的效果和存在的问题，及时调整和完善教育制度。同时将师德师风考核结果作为教师评聘、晋升的重要依据，激励教师积极参与师德师风教育活动，提升自身的职业道德水平。

（二）完善师德师风考核评价机制

完善师德师风考核评价机制是确保高校师德师风建设取得实效的关键环节，这一机制旨在全面、客观地评价教师的师德师风表现，激励教师不断提升自身的职业道德水平。一是考核评价机制应明确考核内容和标准。除了关注教师的教学能力，还应将教师的师德师风表现纳入考核范围，包括教师的职业道德、教学态度、师生关系等方面，同时制定具体的考核标准，确保评价的客观性和公正性。二是考核评价机制应多元化。除了传统的课堂教学评价，还应结合学生评价、同事评价、社会评价等多个维度，全面了解教师的师德师风表现。这样的多元化评价能够更全面地反映教师的职业道德水平，提高评价的准确性和有效性。三是考核评价机制应建立奖惩机制。对于师德师风表现优秀的教师给予表彰和奖励，激发教师的积极性和创造性；对于存在问题的教师及时给予指导和帮助，促进其改进和提高。这样的奖惩机制能够激励教师积极参与师德师风建设，形成良好的师德师风氛围。

（三）加强师德师风建设的监督和反馈

加强师德师风建设的监督和反馈，是确保师德师风建设取得实效的关键环节，有效的监督和反馈机制能够及时发现并纠正问题，推动师德师风建设的持续改进。一是应建立师德师风监督机制。通过设立专门的监督机构或委员会，对教师的师德师风进行定期检查和评估。同时鼓励学生、家长及社会各界积极参与监督，形成多方参与的监督体系，这样可以更全面地了解教师的师德师风表现，及时发现存在的问题。二是应完善师德师风反馈机制。对于在监督过程中发现的问题，应及时向教师本人反馈，指出问题所在，并提供改进建议，同时也应建立教师之间的互相监督机制，鼓励教师之间相互学习、互相提醒，共同提高师德师风水平。三是应加强师德师风建设的宣传和引导。通过举办师德师风宣讲会、分享会等活动，宣传优秀的师德师风事迹和案例，引导广大教师树立正确的职业道德观念，自觉践行师德师风要求，同时也通过新媒体等渠道加强师德师风建设的宣传和推广，提高社会对师德师风建设的关注度和认同感。

师德师风建设的长效机制是高校思想政治教育师资队伍建设的重要保障，通过建立健全师德师风教育制度、完善师德师风考核评价机制及加强师德师风建设的监督和反馈机制，确保师德师风建设工作的稳定性和持久性。同时，这些措施还能够激发教师的积极性和创造性，提升教师的职业道德水平，促进教育环境的优化和教育教学质量的提升。因此，高校应该高度重视师德师风建设的长效机制建设，不断探索和实践新的方法和手段，推动师德师风建设的不断深入和发展。

第四章 高校思想政治教育的对象分析与优化路径

第一节 大学生群体的特点与需求

一、大学生群体的生理心理特点

大学生群体作为高校思想政治教育的核心对象，其独特的生理心理特点和对教育的多样化需求，对高校思政教育工作的针对性和实效性至关重要。了解和分析大学生群体的特点与需求，是优化思政教育路径的基础。

（一）生理发展的成熟性与心理发展的复杂性

大学生群体正处于人生的黄金时期，生理发展趋于成熟，他们体格健壮、精力充沛，具备了成年人所需的各项生理条件，然而与生理上的成熟性相比，他们的心理发展却显得更为复杂和多变。在这一阶段，大学生开始从依赖家庭转向独立生活，他们渴望自我实现，追求个性发展，但同时他们也面临着诸多心理挑战，如学业压力、人际关系、职业规划等问题常常使他们感到焦虑和迷茫。此外，由于他们缺乏足够的社会经验和心理承受能力，面对困难和挫折时容易产生挫败感和消极情绪。这种心理发展的复杂性要求高校思想政治教育工作者具备更高的专业素养和人文关怀，他们需要关注大学生的内心世界，理解大学生的心理需求，引导大学生正确面对挑战和困难。通过心理疏导、心理辅导等方式，帮助大学生建立健康的心理状态，促进他们的全面发展。

（二）认知能力的深化与情感需求的丰富性

随着大学生步入高等教育阶段，他们的认知能力得到了显著的深化和拓展，他们开始接触更为复杂和深入的知识体系，学会了运用批判性思维来分析和解决问题。这种认知能力的深化，使大学生对世界的认识更加全面和深刻，也使他们对未来的规划更加明确和理性。然而，与此同时，大学生的情感需求也变得更加丰富和多样化。他们渴望在学业上取得成功，也希望在人际交往中建立深厚的情谊，他们对自我价值的认同和追求，使得他们更加注重个人成长和情感体验。这种情感需求的丰富性，要求高校在思想政治教育中更加注重人文关怀和情感交流。为了满足大学生的情感需求，高校应该积极营造一个充满爱和关怀的教育环境，教育者应该关注学生的情感变化，倾听他们的心声，给予他们足够的关爱和支持。同时，高校也应该提供更多的文化活动和社交平台，让学生有机会展示自己的才华和魅力，增强他们的自信心和归属感。

（三）价值观的形成与多元化的信息来源

在大学阶段，学生的价值观正处于形成和塑造的关键时期，这一时期，他们开始独立思考人生意义、社会现象和道德准则，逐渐构建起自己的价值体系，然而这一过程并非孤立进行，而是受到多元化信息来源的深刻影响。随着互联网的普及和信息技术的发展，大学生获取信息的渠道日益丰富和多样，他们通过网络、社交媒体、电视、报纸等方式接触来自世界各地的信息。这些信息涵盖了政治、经济、文化、科技等领域，既有正面的、积极的，也有负面的、消极的。这些信息的涌入，使得大学生在价值观形成过程中面临着前所未有的挑战，在这样一个信息爆炸的时代，大学生需要具备更高的信息鉴别能力和价值判断能力。他们需要学会筛选和过滤信息，避免被不良信息误导，同时他们也需要学会独立思考，形成自己的价值判断和价值选择。高校思想政治教育在这一过程中扮演着重要角色，教育者应该通过课堂教学、实践活动、校园文化等，引导学生树立正确的世界观、人生观和价值观。同时，教育者也应该关注学生的信息获取情况，及时给予指导和帮助，帮助他们形成正确的价值体系。

大学生群体具有独特的生理心理特点和对教育的多样化需求，在思想政治教育过程中，应深入了解和分析这些特点与需求，制订有针对性的教育方案。同时，应注重大学生的主体地位，激发他们的主动性和创造性，促进他们全面发展。通过优化思想政治教育路径，提高教育的针对性和实效性，为培养德智体美劳全面发展的社会主义建设者和接班人奠定坚实基础。

二、大学生群体的思想行为特点

大学生作为高校思想政治教育的主要对象，其思想行为特点既体现了青年一代的普遍特征，又带有明显的时代印记，了解并把握大学生群体的思想行为特点，对于确保高校思想政治教育工作的针对性和实效性至关重要。

（一）开放性与多元性

在当今全球化的时代背景下，大学生群体的思想呈现出显著的开放性与多元性特点。他们生活在一个信息高度发达的社会，能够迅速接触来自世界各地的思想、文化和价值观。这种开放性使得他们更容易接受新事物、新思想，对于不同的观点和观念持开放和包容的态度，大学生群体的多元性则体现在他们的思想来源、思维方式和价值观念上。他们来自不同的地域，有着不同的家庭背景和文化传统，这些因素塑造了他们的独特思想和行为方式。同时，他们在大学期间也会接触到来自不同学科领域的知识和理论，这些多元化的知识体系进一步丰富了他们的思想内涵。

开放性和多元性的思想特点对于大学生的成长和发展具有重要意义，有助于培养他们的全球视野和国际意识，使他们能够更好地适应全球化的趋势和挑战。同时，这种思想特点也使得大学生在思想交流和碰撞中更容易产生新的思想和创意，为社会的进步和发展注入新的活力。然而，开放性和多元性也带来了一些挑战。在信息爆炸的时代，大学生需要具备一定的信息鉴别能力和批判性思维能力，以避免被错误的思想和信息误导；同时高校也需要加强对大学生的思想引导和教育管理，确保他们能够树立正确的世界观、人生观和价值观。

（二）独立性与自主性

大学生群体在思想行为上展现出强烈的独立性与自主性，随着他们逐渐步入成年，摆脱了对家庭的过度依赖，开始独立思考、自主决策，追求个人成长和自我实现。在独立性方面，大学生开始形成自己的世界观、人生观和价值观，他们不再简单地接受外界的观点和意见，而是会进行独立思考和判断。他们关注社会问题，追求公平正义，对于不合理的现象敢于表达自己的看法和态度，这种独立思考的能力，使他们在面对复杂问题时能够做出明智的决策，为社会的进步做出贡献。

在自主性方面，大学生更加注重自我管理和自我规划。他们会根据自己的兴趣和目标，选择适合自己的学习方式和发展路径。他们积极参加各种社团活动、志愿服务和实践活动，通过亲身体验和实践锻炼，不断提升自己的能力和素质。这种自主性不仅有助于他们实现个人价值，还能够培养他们的团队合作精神和社会责任感。然而，独立性和自主性的增强也带来了挑战，一些大学生会因为缺乏足够的经验和指导，在独立思考和自主决策时产生困惑和偏差。因此，高校需要加强对大学生的教育和引导，帮助他们树立正确的价值观和人生目标，提高他们独立思考和自主决策的能力。

（三）创新性与实践性

大学生群体以其旺盛的求知欲和勇于探索的精神，展现出鲜明的创新性与实践性特点，他们不仅是知识的接受者，更是知识的创造者和实践者。在创新性方面，大学生具有敏锐的洞察力和丰富的想象力，能够不断提出新的观点、新的方法和新的解决方案。他们敢于挑战传统，勇于突破常规，不断推动学术和科技的进步，这种创新精神不仅体现在学术研究上，也体现在他们的日常生活和社会实践中。他们通过参与科研项目、创业实践等活动，将理论知识与实际应用相结合，创造出具有实际应用价值的新产品、新服务和新模式。

在实践性方面，大学生注重将所学知识应用于实际问题的解决中，他们积极参加各种实践活动，如社会调查、志愿服务、实习实训等，通过亲身体验和实践锻炼，加深对理论知识的理解和掌握。这种实践精神不仅有助于他们提高解决问题的能力，还能培养他们的团队合作精神和创新能力。创新性与实践性是大学生群体的重要特点，也是他们成长和发展的重要动力。高校应该注重培养大学生的创新能力和实践能力，为他们提供丰富的实践机会和平台，激发他们的创新精神和创造潜能。同时，教育者也应该关注大学生的实践过程，及时给予指导和帮助，引导他们将所学知识转化为实际行动，为社会的进步和发展做出贡献。

大学生群体的思想行为具有开放性、多元性、独立性、自主性、创新性和实践性等特点，这些特点既为高校思想政治教育工作带来了挑战，也提供了机遇。高校应充分了解和把握这些特点，制订有针对性的教育方案，加强对大学生的思想引导和教育管理，同时教育者也需要不断提高自身的专业素养和人文关怀能力，为大学生的全面发展提供有力支持。

三、大学生群体的学习生活需求

随着高等教育的普及和深入，大学生群体的学习和生活需求日益多样化和个性化，理解并满足这些需求，不仅有助于提升大学生的学习体验，也是高校思想政治教育工作的重要任务之一。

（一）知识学习的深化与拓展

大学生在高等教育阶段，对于知识学习的需求不再仅仅满足于基础知识的获取，而是更加追求知识的深化与拓展，他们渴望通过系统的专业学习，构建完整的知识体系，并在这个基础上进行深入的探索和研究。一是大学生对专业知识的深化需求强烈。他们希望通过系统的学习，掌握本专业的前沿理论和技能，为未来从事相关工作打下坚实的基础。因此，高校应提供高质量的专业课程和教学资源，以满足学生的深化学习需求。二是大学生对跨学科知识的拓展需求日益增加。在知识日益融合的今天，单一的学科知识已经难以满足社会的需求，大学生希望通过学习跨学科的知识，培养自己的综合素质和创新能力。高校应鼓励学生跨学科选课、参与科研项目，并提供相应的支持和指导。此外，大学生还注重实践能力的培养，他们希望通过实践活动，将所学知识应用于实际问题的解决中，提升自己的动手能力和创新思维。高校应加大对实践教学的投入，提供充足的实践机会和平台，让学生在实践中深化知识理解，提升解决问题的能力。

（二）实践能力与技能的培养

大学生群体对于实践能力与技能的培养需求日益增长，他们不仅渴望掌握扎实的理论知识，更希望具备将这些知识转化为实际操作的能力，以适应社会的需求和挑战。一是大学生意识到实践能力的重要性，他们明白仅仅拥有理论知识是不够的，必须能够将所学应用于实际问题的解决中，因此，他们积极参与各类实践活动，如实验、实训、社会调查等，以提升自己的动手能力和解决问题的能力。[①]二是大学生对于专业技能的培养也尤为重视，他们希望通过系统的专业学习和实践锻炼，掌握本专业的核心技能和前沿技术，这不仅有助于提升他们未来在职场上的竞争力，更能为他们的职业生涯奠定坚实的基础。三是大学生还注重

---

① 钱绍见. 以思想政治教育为载体的大学生生态文明观培育探究 [J]. 环境工程，2023, 41(1): 10032–10033.

创新思维和创业能力的培养，他们积极参与科研项目、创新创业比赛等活动，通过团队协作和创新实践，不断提升自己的创新能力和创业精神。[①]

（三）心理健康与情感支持的需求

在快节奏、高压力的大学生活中，大学生群体对心理健康与情感支持的需求日益凸显，他们正处于人生的关键阶段，面临着学业、就业、人际关系等多重压力，因此需要得到足够的心理关怀和情感支持。一是大学生需要获得有效的心理健康教育。通过专业的心理辅导和心理健康课程，他们学会应对压力、调节情绪、建立健康的心态。这不仅能够提升他们的生活质量，还有助于他们更好地应对学习和生活中的挑战。二是大学生渴望得到情感上的支持和理解。他们希望在与同学、老师、家人的交往中，能够找到共鸣、分享喜悦、倾诉烦恼，这种情感支持能够让他们感受到温暖和力量，更加勇敢地面对困难和挑战。因此，高校应高度重视大学生的心理健康与情感支持需求，通过提供心理健康服务、建立心理咨询中心、举办心理健康活动等，为大学生提供全方位的心理关怀和情感支持。同时，教育者也应加强与学生的情感交流，建立和谐的师生关系，为大学生营造一个健康、积极、向上的成长环境。

大学生群体的学习生活需求呈现出多样化、个性化的特点，高校应深入了解并满足这些需求，提供丰富多样的课程资源和教学模式，加强实践教学和心理健康教育，为大学生的全面发展和成长提供有力支持。同时，教育者也应关注学生的个性化需求，提供个性化的指导和帮助，让每个学生都能在高等教育中找到属于自己的成长之路。

四、大学生群体的成长发展需求

随着社会的快速发展和变革，大学生群体的成长发展需求也在不断演变。作为高校思想政治教育的对象，大学生在知识、能力、情感、价值观等方面都展现出了多元化的成长需求。深入理解并满足这些需求，对于促进大学生的全面发展至关重要。

[①] 董云吉,刘春雨,由春桥.大学生生态文明教育现状研究——基于黑龙江省高校调查[J].教育教学论坛,2022(51): 1-4.

（一）知识结构的优化与拓展

在信息化、全球化的时代背景下，大学生群体的知识结构面临着前所未有的挑战与机遇，他们不仅需要掌握扎实的专业知识，还必须具备跨学科的知识视野和创新能力，以适应社会的快速发展和变革。一是大学生对专业知识的深度和广度有着更高的追求。他们希望通过系统的学习，深入理解和掌握本专业的核心理论和技术，同时能够关注学科前沿的动态和趋势，不断拓宽自己的知识边界。高校应提供丰富多样的课程资源和教学模式，满足学生个性化、差异化的学习需求，帮助他们构建宽厚扎实的专业基础。[①]二是大学生注重跨学科知识的融合与拓展。在知识日益融合的今天，单一的学科知识已经难以满足社会的需求，大学生渴望通过跨学科的学习，了解不同学科之间的联系和交叉点，培养自己的综合素质和创新能力。高校应鼓励学生跨学科选课、参与科研项目和实践活动，提供跨学科的课程资源和教学支持，促进不同学科之间的交流和融合。三是大学生还关注知识的实践应用和创新能力的培养。他们希望将所学知识应用于实际问题的解决中，通过实践锻炼提升自己的动手能力和创新思维。高校应加大实践教学的投入，提供充足的实践机会和平台，让学生在实践中深化知识理解，提升解决问题的能力。[②]

（二）综合素质的提升与拓展

在当今社会，大学生群体的综合素质对于其未来的职业发展和人生规划至关重要，综合素质不仅涵盖了学术能力，还包括了实践能力、团队协作能力、创新能力等。一是大学生注重实践能力的培养。他们渴望通过实践活动，将所学理论知识转化为实际操作能力，提升自己的动手能力和解决问题的能力，高校应提供丰富的实践机会和平台，如实验、实训、社会实践等，让学生在实践中学习和成长。二是团队协作能力也是大学生综合素质的重要组成部分。在团队合作中，大学生能够学会与他人沟通、协作、分享，培养自己的团队合作精神和领导能力，高校应鼓励学生参与各类团队项目、社团活动，培养他们的团队协作能力。三是创新能力是大学生综合素质的重要体现。他们渴望通过创新思维和创意实践，为社会带来新的价值和改变。高校应提供创新教育和创新实践的机会，如科研项

① 赵建超. 人工智能时代的思想政治教育规律新探 [J]. 探索，2024(1): 144–156.

② 洪其双. 新时代高职院校大学生生态文明观协同教育研究 [J]. 成才，2022(19): 11–12.

目、创新创业竞赛等，激发学生的创新精神和创造力。

（三）情感与价值观的培养与塑造

在大学生成长的过程中，情感与价值观的培养与塑造是不可或缺的一环，大学生正处于人生的关键阶段，他们渴望建立健康的人际关系，形成正确的价值观念和道德观念。一是大学生需要情感上的支持和理解。他们面临着学业、生活、未来规划等方面的压力，需要有人倾听他们的心声，给予他们鼓励和支持，高校应提供心理健康教育和情感支持服务，帮助学生建立积极的心态，应对挑战。二是大学生价值观的塑造对于其未来的行为准则和道德观念具有深远的影响。他们需要在多元文化的冲击下，坚守正确的价值观念，明确自己的道德底线，高校应通过思想政治教育课程、校园文化活动等，引导学生形成正确的世界观、人生观和价值观，培养他们的社会责任感和使命感。三是高校还应注重培养学生的情感表达能力和沟通技巧，帮助他们更好地与他人建立联系，形成健康的人际关系。

大学生群体的成长发展需求是多元而复杂的，高校应深入了解并满足这些需求，通过优化知识结构、提升综合素质、培养情感与价值观等途径，为大学生的全面发展提供有力支持。同时，教育者也应关注学生的个性化需求，提供个性化的指导和帮助，让每个学生都能在高等教育中找到属于自己的成长之路。在这个过程中，高校思想政治教育应发挥重要作用，引导学生树立正确的世界观、人生观和价值观，培养他们的创新精神和实践能力，为社会的繁荣和发展贡献自己的力量。

第二节　不同类型大学生的思想政治教育

一、本科生与研究生的思想政治教育

在高校思想政治教育中，本科生和研究生作为两大主要群体，其教育需求和特点各有不同。本科生处于学术生涯的起点，正在构建基础知识和价值观；而研究生则更侧重于深入研究和专业能力的提升。因此，针对不同类型的大学生，高校应制定差异化的思想政治教育策略。

（一）本科生思想政治教育的重点与策略

本科生作为高校教育的主力军，其思想政治教育显得尤为重要。在本科阶段，学生的知识体系正在构建，价值观念尚未成熟，因此，本科生的思想政治教育应着重于以下三个方面：一是重点培养学生的社会主义核心价值观。通过系统的思想政治教育课程，引导学生树立正确的世界观、人生观和价值观，增强他们的国家意识、民族意识和社会责任感。二是强化学生的综合素质教育。除了专业知识的学习，本科生还应注重综合素质的培养，包括实践能力、创新能力、团队协作能力等，高校应提供多样化的实践平台，鼓励学生积极参与各类实践活动，锻炼自己的综合素质。三是关注学生的心理健康。本科生面临着学业、生活等方面的压力，高校应提供必要的心理支持和辅导，帮助学生建立积极的心态，应对各种挑战。[①]

（二）研究生思想政治教育的特点与需求

研究生作为高校教育的高层次人才，其思想政治教育具有独特的特点和需求。一是研究生思想政治教育的特点体现在其深度和专业性上。研究生在学术上更加深入和专业，因此，他们的思想政治教育需要更加注重学术道德、科研伦理等方面的培养，以确保他们在学术研究中坚守诚信、尊重原创。二是研究生思想政治教育的需求也体现在其自主性和创新性上。研究生相对于本科生来说，拥有更强的自主性和独立性，他们渴望在思想政治教育中能够有更多的自主选择和探索空间。因此，高校应提供更为灵活多样的教学方式和课程选择，以满足研究生对于思想政治教育的不同需求。三是研究生思想政治教育还应关注其社会责任感和使命感的培养。作为高层次人才，研究生不仅要具备扎实的学术基础，还要具备强烈的社会责任感和使命感，能够为国家和社会的发展贡献自己的力量。

（三）本科生与研究生思想政治教育的衔接与融合

本科生与研究生作为高校教育的两个重要阶段，其思想政治教育应当实现良好的衔接与融合，以确保学生价值观的一贯性和连贯性发展。一是在内容上，本科生的思想政治教育应为基础和入门，注重培养正确的世界观、人生观和价值观，为研究生阶段的深入学习奠定坚实基础；而研究生阶段则应进一步深化和拓

展，将思想政治教育与学术研究紧密结合，培养学生的学术道德和科研伦理。二是在方法上，本科生与研究生思想政治教育应相互借鉴、相互促进。本科生阶段通过实践活动、案例分析等方式，增强思想政治教育的生动性和实践性；而研究生阶段则利用课题研究、学术讨论等形式，培养学生的思辨能力和创新能力。三是高校应构建本科生与研究生思想政治教育的交流平台，促进不同年级学生之间的交流和互动。通过举办座谈会、研讨会等活动，分享思想政治教育的心得体会和经验教训，推动本科生与研究生在思想政治教育上的共同进步。

本科生与研究生的思想政治教育是高校思想政治教育的重要组成部分，针对不同类型的大学生，高校应制定差异化的思想政治教育策略，注重培养他们的基础知识和价值观、专业素养和科研能力。同时，要加强本科生与研究生之间的衔接与融合，促进他们在知识和价值观方面的共同成长，只有这样才能培养出既有扎实学术基础又有高尚道德情操的新时代大学生。

二、不同专业背景大学生的思想政治教育

随着高等教育日益普及和学科专业多样化，大学生的专业背景越来越丰富，不同专业背景的大学生因其学科特点、学习内容和未来职业方向的不同，对思想政治教育的需求和接受方式也存在差异。因此，针对不同专业背景的大学生开展有针对性的思想政治教育，是高校思想政治教育工作的重要任务之一。

（一）专业特点与思想政治教育的结合

在高等教育中，不同专业背景的大学生因其学科特点的差异，对思想政治教育的接受方式和需求也各不相同，因此将专业特点与思想政治教育相结合，成为高校教育工作的一项重要策略。一是每个专业都有其独特的学科体系和知识体系，这些知识体系不仅包含专业知识，也蕴含着丰富的思想政治教育资源。例如，理工科专业强调科学精神、探索精神和创新精神的培养，而人文社科专业则注重人文素养、道德伦理和社会责任感的培养。通过深入挖掘专业中的思想政治教育元素，有效地将专业知识教育与思想政治教育融为一体。二是结合专业特点开展思想政治教育，增强学生的认同感和归属感。学生在学习专业知识的过程中，能够感受到思想政治教育与自身专业的紧密联系，从而更加积极地参与到思想政治教育活动中来。这种结合不仅有助于学生全面、深入地理解思想政治教育

的内涵和价值，也能为他们的职业发展奠定坚实的思想基础。

（二）实践教育与思想政治教育的融合

实践教育是高校教育体系中的重要组成部分，与思想政治教育有着密切的联系，将实践教育与思想政治教育相融合，不仅有助于提高学生的实践能力，还能深化他们对思想政治教育内容的理解和体验。一是实践教育为学生提供了将理论知识应用于实际问题的机会。通过参与各种实践活动，学生能够亲身体验到社会责任、团队合作和创新精神等思想政治教育的核心内容，从而更加深刻地理解这些理论知识的内涵和价值。二是实践教育能够帮助学生形成正确的世界观、人生观和价值观。在实践活动中，学生需要面对各种复杂的社会问题和挑战，通过解决问题和应对挑战，他们能够逐渐形成独立思考、勇于担当和乐于奉献的品质，这些品质正是思想政治教育所追求的目标。三是实践教育与思想政治教育的融合还能够促进学生的全面发展。通过参与实践活动，学生不仅能够提高专业素养和实践能力，还能增强身体素质、心理素质和社会适应能力，为未来的职业发展和社会生活奠定坚实的基础。

（三）个性化教育在思想政治教育中的应用

随着高等教育理念的不断发展，个性化教育逐渐受到重视，并在思想政治教育中发挥着越来越重要的作用。个性化教育强调关注学生的个体差异，尊重他们的兴趣和需求，为每位学生提供量身定制的教育方案。在思想政治教育中，个性化教育的应用具有重要意义。一是它有助于满足学生的个性化需求。每位学生都有自己的思想特点、价值观念和人生追求，个性化教育能够针对这些差异，提供更具针对性的思想政治教育内容和方法，使学生更容易接受和理解。二是个性化教育能够激发学生的学习兴趣和主动性。通过了解学生的兴趣点和需求，教师设计更具吸引力的思想政治教育活动，引导学生主动参与其中，从而提高教育的实效性。三是个性化教育有助于培养学生的独立思考能力和创新精神。在个性化教育的指导下，学生能够更加自主地探索世界、认识社会，形成自己的独立思考能力和创新精神，为未来的职业发展和社会生活奠定坚实基础。

针对不同专业背景的大学生开展思想政治教育，是高校思想政治教育工作的重要任务之一，高校应充分考虑不同专业的特点和学生的个性需求，将思想政治教育与专业知识、实践教育和个性化教育相结合，以提高思想政治教育的针对性和实效性。同时，高校还应加强思想政治教育师资队伍的建设，提高教师的专业素养和教学能力，为不同专业背景的大学生提供优质的思想政治教育服务。

三、特殊群体大学生的思想政治教育

在高等教育领域，特殊群体大学生是指那些在学习、生活、心理等方面存在特殊困难和挑战的学生。这些特殊群体包括但不限于家庭经济困难学生、少数民族学生、残疾学生、心理困境学生等。由于他们面临特殊的问题，对他们的思想政治教育需要采取更加细致、深入和个性化的方法。

（一）关注特殊群体大学生的心理需求

在高等教育中，特殊群体大学生面临着比普通学生更为复杂的心理挑战，这些挑战源于家庭经济困难、身体残疾、文化差异或心理困境等，因此，关注并满足他们的心理需求，对于他们的全面发展和思想政治教育的效果至关重要。一是高校应建立健全心理咨询和辅导体系，为特殊群体大学生提供及时的心理支持，这包括定期的心理测评、一对一的咨询服务和团体心理辅导等，旨在帮助他们识别和解决心理问题，增强心理韧性。二是思想政治教育工作者应深入了解特殊群体大学生的心理状况，将心理健康教育融入日常教育教学中，通过课堂讨论、案例分析、角色扮演等方式，引导他们正确看待自己的问题，学会调节情绪，培养健康的心态。三是高校还应积极营造关爱特殊群体大学生的校园氛围，通过举办心理健康讲座、组织心理拓展活动等，增强他们的归属感和自信心，减轻他们的心理压力。

（二）结合特殊群体的文化背景开展教育

在高校的思想政治教育中，特殊群体大学生的文化背景是一个不可忽视的重要因素。他们的文化传统、价值观和生活方式都与一般学生存在差异，这要求在教育中要充分尊重并结合这些差异，使教育更具针对性和实效性。一是教育者需要深入了解特殊群体的文化背景，包括他们的历史、传统、风俗和信仰等，这有助于更好地理解他们的思维方式和行为模式，为教育提供有力支持。二是在思想政治教育过程中，应该注重将教育内容与学生的文化背景相结合，通过融入相关的文化元素，使教育内容更具亲和力和感染力，让学生更容易接受和理解。三是高校可以组织一些具有文化特色的教育活动，如民族文化节、传统手工艺制作等，让学生在参与中感受文化的魅力，增强文化自信心和归属感。同时这也有助于促进不同文化之间的交流和理解，营造和谐的校园文化氛围。

（三）强化特殊群体的社会责任感教育

特殊群体大学生作为社会的成员，同样肩负着为社会做贡献的责任和义务，因此，在高校的思想政治教育中，强化特殊群体的社会责任感教育显得尤为重要。一是需要明确社会责任感教育的核心意义，即培养学生的社会责任感和奉献精神，使他们认识到自己的社会角色和使命。对于特殊群体大学生而言，这种教育尤为重要，因为它能帮助他们树立积极的人生态度和价值观，增强自信心和自尊心。二是在教育中，要注重引导特殊群体大学生关注社会问题，了解社会现状和发展趋势。通过组织社会实践活动、志愿服务活动等方式，让他们亲身参与社会建设和服务工作，体验社会的复杂性和多样性，从而培养他们的社会责任感和奉献精神。三是还需要为特殊群体大学生提供必要的支持和帮助，让他们在实践中得到锻炼和成长。例如，为他们提供合适的志愿服务岗位、搭建社会实践平台等，让他们在实践中感受社会的温暖和关爱，增强他们的社会责任感和归属感。

特殊群体大学生的思想政治教育是高校教育的重要组成部分，在教育中，需要关注他们的心理需求、结合他们的文化背景开展教育、强化他们的社会责任感教育。通过个性化的教育方法、有针对性的教育内容、多样化的教育形式等，提高他们的思想政治素质和社会适应能力。同时，高校还应加强对特殊群体大学生的关注和关怀，为他们提供必要的帮助和支持，让他们在大学期间得到全面的发展和成长。

四、大学生党员与团员的思想政治教育

在高校中，大学生党员和团员是青年学生中的先进分子和骨干力量，他们的思想政治素质直接关系到党的建设和高校思想政治工作的成效。因此，加强大学生党员和团员的思想政治教育，提高他们的思想政治觉悟和道德水平，是高校思想政治工作的重要任务之一。

（一）加强党性教育和团性教育

在高校的思想政治教育中，针对大学生党员和团员，加强党性教育和团性教育显得尤为重要，这不仅关乎他们个人的政治成长，更直接影响到党的建设和高校思政工作的整体成效。一是党性教育是大学生党员成长的基石。通过系统学习党的历史、理论和路线方针政策，党员们能够深刻领会党的初心和使命，坚定共产主义远大理想和中国特色社会主义共同理想。同时，党性教育还要注重实践锻炼，让党员们在参与社会实践、志愿服务等活动中，亲身体验党的关怀和温暖，增强党性观念和党性修养。二是团性教育对于团员同样至关重要。作为党的助手和后备军，团员们应该时刻保持对团的热爱和忠诚。通过团课学习、团日活动等方式，团员们能够深入了解团的历史、性质、任务和目标，增强团组织的凝聚力和向心力。同时，团性教育还要注重培养团员的集体意识和团队精神，让他们学会在集体中发挥作用，为团组织的建设和发展贡献力量。

（二）注重思想引领和道德培育

在大学生党员与团员的思想政治教育中，注重思想引领和道德培育是核心环节，这不仅是提升他们思想政治素质的关键，也是塑造他们成为优秀青年的基础。一是思想引领是塑造大学生党员和团员正确世界观、人生观和价值观的重要手段。通过深入学习和理解党的理论创新成果，特别是习近平新时代中国特色社会主义思想，帮助他们形成坚定的政治信仰和正确的价值取向，同时引导他们关注国家大事、社会热点，增强他们的爱国情怀和社会责任感。二是道德培育是提升大学生党员和团员道德水平的关键。通过弘扬中华传统美德、传承革命道德和时代精神，教育他们遵守社会公德、职业道德和家庭美德。同时，注重培养他们的诚信意识、感恩意识和奉献精神，让他们成为具有高尚道德品质和良好社会风尚的青年。

（三）发挥先锋模范作用

大学生党员和团员作为青年学生中的先进分子和骨干力量，应当积极发挥先锋模范作用，成为引领校园风尚、推动校园和谐发展的中坚力量。一是大学生党员和团员应在学业上发挥模范带头作用。他们应当勤奋学习，努力掌握专业知识和技能，以优异的成绩和良好的学术素养成为同学们学习的榜样，同时他们还应积极参与学术交流和科研创新活动，为推动校园学术氛围的浓厚贡献自己的力量。二是大学生党员和团员应在社会实践中发挥模范带头作用。他们应当积极参与志愿服务、社会实践等活动，将所学知识运用到实践中，解决实际问题，为社会贡献自己的力量。通过实践，他们不仅锻炼自己的能力和素质，还增强社会责任感和使命感。三是大学生党员和团员还应在日常生活中发挥模范带头作用。他们应当注重个人品德修养，遵守社会公德和校规校纪，做到知行合一。同时，他们还应积极倡导和践行健康向上的生活方式，引领周围同学形成良好的生活习惯和价值观念。

加强大学生党员和团员的思想政治教育是高校思想政治工作的重要任务之一，通过加强党性教育和团性教育、注重思想引领和道德培育及发挥先锋模范作用等措施，提高大学生党员和团员的思想政治觉悟和道德水平，为党的建设和高校思想政治工作做出积极贡献。同时，这也需要高校教育工作者不断探索和创新教育方法和手段，以适应新时代大学生的特点和需求。

第三节　大学生思想政治教育的原则

一、以人为本的原则

在大学生思想政治教育的实践中，以人为本的原则是核心指导思想。这一原则强调以学生的全面发展为出发点和落脚点，关注学生的个性化需求，尊重学生的主体地位，通过科学的教育方法和手段，促进学生思想政治素质的提升。

（一）关注学生的个性化需求

在大学生思想政治教育中，关注学生的个性化需求是至关重要的一环。随着社会的快速发展和信息的爆炸式增长，当代大学生的思想观念、行为方式日趋多样化，他们的个性化需求也日益凸显。一是个性化需求体现在学生的兴趣爱好上。每个学生都有自己独特的兴趣点，这些兴趣点往往与他们的学习动力、生活态度和价值观紧密相连。因此，在教育过程中，要深入了解学生的兴趣爱好，并根据他们的兴趣点设计教育内容和方法，以激发学生的学习兴趣和动力。二是个性化需求还体现在学生的成长背景上。每个学生的成长环境、家庭背景、社会经历等都不尽相同，这些因素会影响他们的思想观念、情感态度和行为方式。因此在教育过程中，要关注学生的成长背景，理解他们的心理需求和情感诉求，为他们提供有针对性的教育支持和帮助。三是关注学生的个性化需求还要求尊重学生的主体地位。学生是教育的主体，他们应该成为教育活动的积极参与者和主导者，要尊重学生的意见和选择，鼓励他们发挥主动性和创造性，让他们在参与教育活动的过程中实现自我发展和提升。

（二）尊重学生的主体地位

在大学生思想政治教育中，尊重学生的主体地位是确保教育效果的关键，学生作为教育的主体，其主动性、积极性和创造性对教育的成败起着决定性作用。一是尊重学生主体地位意味着在教育过程中，应充分听取学生的意见和建议，让他们成为教育活动的参与者而非被动接受者。这样不仅能增强学生的责任感和使命感，还能激发他们的学习热情和创造潜能。二是尊重学生的主体地位要求关注学生的个体差异，根据每个学生的特点和需求制订个性化的教育方案，这有助于实现因材施教，使每个学生都能在教育中获得成长和进步。三是尊重学生的主体地位还体现在为学生提供充分的发展空间，鼓励他们自主探索和实践，通过实践，学生能够更好地理解和掌握知识，培养独立思考和解决问题的能力。

（三）促进学生的全面发展

在大学生思想政治教育中，促进学生的全面发展是教育的根本目标，全面发展不仅包括学术知识的积累，更涵盖了思想道德、身心健康、社会适应等方面的能力和素质。一是要注重培养学生的思想道德素质。通过引导学生树立正确的世界观、人生观和价值观，培养他们的爱国情怀、社会责任感和公民意识，使其成为有理想、有道德、有文化、有纪律的社会主义建设者和接班人。二是要关注学生的身心健康。通过提供心理健康教育、体育锻炼等多样化课程和活动，帮助学生养成良好的心理素质和身体素质，为他们的全面发展奠定坚实的基础。三是要培养学生的社会适应能力。通过社会实践、志愿服务等，让学生更好地了解社会、融入社会，提高他们的团队协作、沟通交流等能力，为他们未来步入社会做好准备。

以人为本的原则是大学生思想政治教育的核心指导思想，在教育过程中，应该关注学生的个性化需求，尊重学生的主体地位，促进学生的全面发展。通过科学的教育方法和手段，更好地实现教育目标，提高学生的思想政治素质，为他们的未来发展奠定坚实的基础。同时，也应该不断探索和创新教育方法和手段，以适应新时代大学生的特点和需求。

二、因材施教的原则

在大学生思想政治教育的实践中，因材施教的原则是一项至关重要的指导原则。它强调根据每个学生的不同特点、需求和潜能，采用个性化的教育方法和手段，以实现教育效果的最大化。因材施教不仅是对学生个体差异的尊重，更是对教育规律的深刻理解和运用。

（一）深入了解学生的个体差异

在大学生思想政治教育的实践中，深入了解学生的个体差异是因材施教原则的首要步骤，每个学生都是独一无二的，他们的成长背景、性格特点、兴趣爱好、学习能力等方面都存在着显著的差异。要深入了解学生的个体差异，教育者需要付出耐心和细心。一是通过与学生进行深入的交流，教育者了解学生的家庭背景、成长经历及个人目标等。二是观察学生的日常表现，包括课堂参与度、作业完成情况、社交互动等，也能为教育者提供宝贵的信息。三是通过问卷调查、心理测试等方式，更全面地了解学生的性格特点、兴趣爱好、学习风格等，深入了解学生的个体差异。这不仅有助于教育者更好地认识每一个学生，还有助于教育者根据学生的实际情况，制定更加符合学生需求的教育方案。这样做不仅能够激发学生的学习兴趣和动力，还能提高教育的针对性和实效性。

（二）制订个性化的教育方案

深入了解学生个体差异后，制订个性化的教育方案成为因材施教原则的关键环节，个性化的教育方案旨在满足学生独特的学习需求和发展潜力，实现教育的精准化和高效化。在制订教育方案时，教育者应充分考虑学生的兴趣爱好、学习能力、性格特点等因素，通过调整教学内容、教学方法和教学手段，教育者为学生提供更加符合其个人特点的学习体验。例如，对于兴趣广泛的学生，引入更多跨学科的知识；对于学习能力强但缺乏自信的学生，设计更具挑战性的任务来激发其潜能。此外，个性化的教育方案还应注重学生的全面发展，除了学术知识，还应关注学生的思想道德、身心健康、社会适应等方面的教育，通过组织多样化的教育活动，如社会实践、志愿服务等，让学生在实践中锻炼能力、提升素质。

（三）灵活调整教育策略

在大学生思想政治教育的实施过程中，灵活调整教育策略是确保教育效果的关键。随着教育的深入进行，学生的需求和反馈会不断发生变化，因此，教育者必须具备敏锐的洞察力和灵活的应变能力。一是教育者应密切关注学生的学习状态和情感变化，当发现学生出现学习困难、情绪波动等问题时，教育者应及时与学生沟通，了解问题所在，并有针对性地调整教育策略。这包括改变教学方法、增加辅导时间、提供心理支持等。二是教育者还应关注教育环境的变化，随着社会的快速发展和科技的进步，新的教育理念和方法不断涌现，教育者应不断学习和更新知识，了解最新的教育动态和趋势，将新的教育策略引入实际教学中。三是教育者还应根据学生的反馈和评估结果，对教育策略进行定期评估和调整。通过收集学生的意见和建议，了解教育策略的实施效果，并根据评估结果对教育策略进行修订和完善。

因材施教是大学生思想政治教育的重要原则之一，它要求教育者深入了解学生的个体差异，制定个性化的教育方案，并灵活调整教育策略。通过因材施教，教育者能够更好地满足学生的需求，激发他们的学习兴趣和动力，提高教育效果。同时，因材施教也是对教育规律的深刻理解和运用，有助于推动大学生思想政治教育的创新和发展。

三、循序渐进的原则

在大学生思想政治教育的过程中，循序渐进的原则是一项基础而重要的指导原则。它强调在教育教学过程中，应按照学生的认知规律和身心发展特点，由浅入深、由易到难、由简到繁地逐步推进，以确保学生能够在逐步积累知识、提升能力的同时形成正确的世界观、人生观和价值观。

（一）符合学生的认知规律

在大学生思想政治教育中，遵循学生的认知规律是确保教育效果的关键。大学生的认知发展已经趋于成熟，他们具备了一定的逻辑思维能力、批判性思维和创新能力，因此，在教育过程中，教育者应充分考虑学生的认知特点，制定符合其认知规律的教学内容和方法。一是教育者应认识到学生的认知差异。不同学生在认知速度、深度、广度等方面存在差异，教育者应因材施教，根据学生的实际情况调整教学策略，确保每个学生都能跟上教学进度。二是教育者应遵循学生的认知发展规律。在教学内容的选择上，应从简单到复杂、从具体到抽象，逐步引导学生深入理解知识的本质和内涵。在教学方法的运用上，应注重启发式教学、讨论式教学等，以激发学生的学习兴趣和主动性，培养其独立思考和解决问题的能力。三是教育者还应关注学生的情感需求。在思想政治教育过程中，学生的情感状态对学习效果有着重要影响。教育者应关注学生的情感体验，通过创设良好的教育环境、开展丰富多彩的教育活动等方式，引导学生形成积极向上的情感态度和价值观。

（二）促进学生的身心发展

在大学生思想政治教育中，促进学生的身心发展是教育的核心目标之一，学生的身心健康是其全面发展的基础，也是其未来走向社会、实现个人价值的重要保障。为了促进学生的身心发展，教育者应关注学生的情感、态度和价值观的培养，通过组织多样化的教育活动，如心理健康教育、体育锻炼、社会实践等，让学生在参与中体验、感悟，从而培养其积极向上的情感态度和正确的价值观。同时，教育者还应注重学生的个体差异，根据学生的特点和需求，制定个性化的教育方案，为学生的全面发展提供有力支持。

（三）提高教育教学的实效性

在大学生思想政治教育中，提高教育教学的实效性是教育工作者的不懈追求。为了达成这一目标，教育者需要关注教育教学的全过程，从教学内容的选择、教学方法的运用，到教学评估的反馈，都要紧密围绕学生的实际需求和发展目标。一是教育者应精心选择教学内容，确保其与学生的现实生活、专业学习和未来发展紧密相连，从而激发学生的学习兴趣和动力。二是教育者应运用多样化的教学方法，如案例教学、角色扮演、小组讨论等，以增强学生的参与感和体验感，提高其学习的主动性和创造性。三是教育者应建立完善的教学评估体系，及时收集学生的反馈意见，并根据评估结果调整教学策略，以不断提高教育教学的质量和效果。

循序渐进的原则是大学生思想政治教育的重要原则之一，它强调在教育教学过程中应按照学生的认知规律和身心发展特点逐步推进，以确保学生能够在逐步积累知识、提升能力的同时形成正确的世界观、人生观和价值观。通过遵循循序渐进的原则，教育者提高教育教学的实效性，促进学生全面发展。

四、注重实效的原则

在大学生思想政治教育中，注重实效的原则是确保教育工作取得实际成果的关键。这一原则要求教育者不仅要关注教育过程，更要关注教育结果，即学生的实际收获和成长。只有真正让学生在思想政治教育中有所收获、有所成长，才能实现教育的价值。

（一）明确教育目标

在大学生思想政治教育中，明确教育目标的重要性不言而喻，它不仅是确保教育内容具有针对性的前提，更是引领整个教育过程的核心。教育目标，既像一盏明灯照亮前行的道路，又像一座灯塔指引航向，它指引着教育的方向，决定了教育内容的选取及教学方法的运用。一是教育者需要深入研究和理解党和国家对大学生思想政治教育的总体要求。这不仅仅是简单的政策传达，更是要将国家的方针政策、社会的期望与大学生的发展需求相结合，制定出既符合时代要求，又贴近学生实际的教育目标，这样教育内容才能与时俱进，不断适应社会发展的新需求。二是教育目标应具有明确性和可操作性。这意味着教育者需要将教育目标细化到具体的知识点、能力和情感态度等方面，这样教育者在教学过程中就能够有针对性地选择教育内容，确保每一堂课、每一次活动都能够紧密围绕教育目标展开。这不仅有助于提升教育的效果，还能使学生在学习过程中更加明确自己的学习目标。三是教育者还应关注学生的个体差异和需求。每个学生都是一个独立的个体，他们有着自己的兴趣爱好、认知特点和发展潜力，因此，教育者应根据学生的实际情况，制定出符合其个性化需求的教育目标。这样每个学生都能够在思想政治教育中得到充分的关注和指导，从而更好地实现自我价值，在具体实施中，教育者可以通过问卷调查、个别谈话等方式了解学生的实际情况和需求，然后结合国家的教育方针和政策，制定出具有针对性和可操作性的教育目标。四是教育者还应注重与学生的互动和沟通，及时了解学生的反馈和意见，以便对教育目标进行必要的调整和完善。

（二）创新教学方法

在大学生思想政治教育中，创新教学方法、提高教育过程的互动性显得尤为重要，传统的单向讲授式教学已难以满足当代大学生的需求，他们更渴望在互动中探索、在参与中成长。教育者应积极探索新的教学方法，如案例分析、小组讨论、角色扮演等，这些方法能够让学生更加积极地参与到教育过程中来。通过小组讨论，学生在交流中碰撞思想、深化理解；通过角色扮演，学生能够身临其境地体验不同角色，增强情感共鸣。

同时教育者还借助现代信息技术手段，如多媒体教学、在线教育平台等，丰富教学形式和内容，这些技术手段不仅使得教学更加生动有趣，还能突破时间和空间的限制，让学生随时随地都能够接受教育。提高教育过程的互动性，不仅能够激发学生的学习兴趣和热情，还能培养他们的团队合作精神和创新能力，为他们的全面发展奠定坚实基础。因此，教育者应不断创新教学方法，提高教育过程的互动性。

（三）建立评估机制

为确保大学生思想政治教育的质量和效果，建立科学有效的评估机制至关重要。评估不仅是对教育成果的检测，更是对教育过程的反馈和优化。一是评估机制应全面而具体，覆盖学生的学习成果、思想动态、行为表现等方面，通过定期考核、问卷调查、师生座谈会等形式，全面收集数据和信息，以客观反映教育的实际效果。二是评估过程应注重及时性和动态性，教育者应及时收集和分析评估数据，及时发现问题和不足，并有针对性地调整教学策略和方法，同时评估结果应及时反馈给学生和家长，帮助他们了解学生的学习情况和成长变化。三是评估结果应作为优化教育过程的重要依据，教育者应深入分析评估结果，找出教育过程中的优点和不足，进而改进教学内容和方法，提高教育的针对性和实效性。

注重实效的原则是大学生思想政治教育的重要原则之一，它要求教育者明确教育目标、创新教学方法、建立评估机制，以确保教育工作的针对性和实效性。通过遵循这一原则，教育者能更加有效地促进学生的全面发展，为国家和社会的繁荣稳定做出贡献。

第四节　大学生思想政治教育的优化路径

一、创新教育理念，以学生为中心

随着时代的进步和社会的发展，高校思想政治教育面临着新的挑战和机遇，为了更好地适应这些变化，需要不断创新教育理念，将学生的需求和发展置于教育的核心地位。以学生为中心的教育理念，不仅符合现代教育的发展趋势，也是提高思想政治教育实效性的关键所在。

（一）强化学生主体地位，激发学生自主学习动力

在当今高校思想政治教育中，强化学生主体地位，激发学生自主学习动力，已成为推动教育创新、提升教育质量的关键一环，这一理念旨在让学生从被动接受者转变为主动探索者，从而更加深入地理解和掌握知识，形成独立思考和解决问题的能力。

一是强化学生主体地位意味着教育者要尊重学生的个性、兴趣和需求。每个学生都是独一无二的个体，他们有着不同的背景、经历和潜力。教育者应该通过了解每个学生的特点，为他们量身定制个性化教育方案，使教育内容更加贴近学生的实际生活和学习需求。

二是激发学生自主学习动力需要教育者营造良好的学习氛围，教育者应该鼓励学生积极参与课堂讨论、提出问题、分享观点，让学生在互动中感受到学习的乐趣和成就感。同时，教育者还应该注重培养学生的批判性思维和创新能力，鼓励他们勇于挑战权威、敢于创新实践。此外，教育者还应该通过多种方式激发学生的自主学习动力。例如，利用现代信息技术手段开展在线学习、远程教育等活动，让学生随时随地都能够接触到丰富的学习资源；组织各种形式的实践活动、

志愿服务等，让学生在实践中体验知识的力量和价值；开展多元化的评价方式，注重学生的过程性评价和综合素质评价，让学生看到自己的成长和进步。

（二）关注学生全面发展，促进学生知识、能力、素质的全面提升

在推进高校思想政治教育的过程中，必须深刻认识到关注学生全面发展的重要性，学生的全面发展不仅包括知识的积累，更涵盖了能力的提升和素质的养成。这一理念旨在培养具备综合素质的新时代大学生，以满足社会发展和个人成长的需求。

一是知识是大学生全面发展的基础。教育者应确保学生掌握扎实的专业知识和技能，为他们未来的职业发展奠定坚实的基础。同时，教育者还应注重培养学生的跨学科知识和综合素养，帮助他们形成宽广的视野和丰富的知识体系。

二是能力是大学生全面发展的重要体现。教育者应注重培养学生的创新能力、实践能力、沟通能力和团队协作能力等。通过组织各种实践活动、科研项目和社会服务等，让学生在实践中锻炼和提升各项能力，为未来的职业发展和社会适应能力做好准备。

三是素质是大学生全面发展的关键。教育者应关注学生的思想道德素质、文化素质和身心素质等方面的发展。通过加强思想政治教育、文化教育和心理健康教育等，引导学生树立正确的世界观、人生观和价值观，培养他们具备高尚的道德品质和良好的心理素质。

（三）加强师生互动，营造和谐的学习氛围

在高校思想政治教育中，加强师生互动、营造和谐的学习氛围对于提升教育质量、促进学生成长具有重要意义。师生互动是教育过程中的重要环节，它不仅能够增强学生对知识的理解和掌握，还能够培养学生的沟通能力和团队协作精神。教育者应主动与学生交流，关注学生的学习和生活情况，及时解答他们的疑问和困惑，同时还应鼓励学生提出自己的观点和想法，尊重他们的独立性和创造性，激发他们的学习热情和动力。为了营造和谐的学习氛围，教育者应采取多种措施。例如，通过组织课堂讨论、案例分析等活动，鼓励学生积极参与，表达自己的观点和看法；利用现代信息技术手段（如在线教育平台、社交媒体等）加强与学生之间的互动和交流；关注学生的心理健康，提供心理咨询和辅导服务，帮

助学生解决心理问题，保持良好的学习状态。

　　创新教育理念以学生为中心，是优化大学生思想政治教育的关键路径，通过强化学生主体地位、关注学生全面发展、加强师生互动等方式，更好地满足学生的需求和发展，提高思想政治教育的实效性。同时，这也是适应现代社会发展、培养优秀人才的重要途径之一。在未来的教育中，应该不断探索和实践以学生为中心的教育理念，为大学生的成长和发展提供更好的支持和帮助。

二、完善教育内容，贴近学生实际

　　随着时代的变迁和社会的进步，大学生思想政治教育面临着新的挑战和机遇，为了更好地适应社会发展的需求，需要不断完善教育内容，确保教育内容贴近学生实际，更具针对性和实效性。这不仅有助于提高学生的学习兴趣和参与度，还能够促进他们的全面发展。

（一）关注社会热点，引入时代元素

　　在当今快速发展的社会，大学生们对新鲜事物的敏感度极高，他们渴望了解社会、融入时代，因此，高校思想政治教育必须紧跟时代步伐，关注社会热点，将时代元素融入教育内容之中。教育者应敏锐捕捉社会热点事件，分析其中蕴含的教育价值，及时将相关内容引入课堂，这样不仅能够增强思想政治教育的时效性，还能激发学生的学习热情和兴趣。同时，通过引导学生对热点事件进行深入思考和讨论，培养他们的批判性思维能力和社会责任感。

（二）贴近学生生活，增强教育内容的实用性

　　大学生思想政治教育要贴近学生生活，才能真正触及学生的心灵，引起共鸣，教育内容的实用性是提高学生参与度与学习兴趣的关键。教育者应深入了解学生的生活背景、兴趣爱好、职业规划等，将这些元素融入教育内容的设计之中，通过贴近学生生活的案例、故事或实践活动等，引导学生将所学知识与现实生活相联系，帮助他们解决实际问题、提升个人素质。

（三）加强实践教育，注重知行合一

　　在大学生思想政治教育中，加强实践教育、注重知行合一具有重要意义，

理论知识的学习固然重要，但将所学应用于实践，才能真正体现教育的价值。教育者应为学生创造更多的实践机会，如组织社会调查、志愿服务、模拟实训等活动，让学生在实践中体验知识的力量，锻炼解决问题的能力。同时，教育者还应注重引导学生将所学知识转化为实际行动，培养他们的责任感和担当精神。通过加强实践教育、注重知行合一，不仅能提高学生的学习效果，还能促进他们的全面发展，为未来的职业生涯和社会适应能力奠定坚实基础。

完善教育内容、贴近学生实际是优化大学生思想政治教育的重要途径之一，通过关注社会热点、引入时代元素，使教育内容更具时代性和针对性；通过贴近学生生活、增强教育内容的实用性，满足学生的个性化需求；通过加强实践教育、注重知行合一，提高学生的综合素质和实践能力。在未来的教育实践中，应当不断探索和完善教育内容，为学生的全面发展提供更好的支持和帮助。

三、改进教育方法，提高教育效果

在大学生思想政治教育工作中，教育方法的选择和应用直接关系到教育效果的好坏。随着社会的不断进步和教育的不断发展，传统的教育方法已经难以满足新时代大学生的需求，因此需要不断探索和改进教育方法，以提高思想政治教育的效果。

（一）创新教学方式，增强教学互动性

在当今信息化、网络化的时代，传统的灌输式教学已难以适应大学生的学习需求，为了提升思想政治教育的效果，必须创新教学方式，增强教学互动性。一是引入多媒体教学手段，如利用视频、音频、动画等多媒体资源，将抽象的理论知识具象化，使教学内容更加生动、直观，这不仅能够吸引学生的注意力，还能加深他们对知识的理解和记忆。二是采用线上线下混合式教学模式，通过线上预习、课堂讲解、线上讨论等环节，让学生在不同场景下参与到学习中，线上讨论平台为学生提供更多表达观点、交流思想的机会，从而增强教学的互动性。三是引入角色扮演、情景模拟等体验式教学方法，让学生在模拟的情境中亲身体验、感受，从而更好地理解知识、掌握知识。这种教学方式能够激发学生的学习兴趣，提高他们的学习积极性和参与度。

（二）注重因材施教，实现个性化教育

在大学生思想政治教育中，每个学生都是独特的个体，他们的背景、兴趣、性格和学习能力各异，因此注重因材施教，实现个性化教育，是提高教育效果的关键。一是需要深入了解每个学生的特点，这包括他们的兴趣爱好、家庭背景、学习风格等，通过与学生进行深入的交流，观察他们的行为表现，更全面地了解他们，为个性化教育打下基础。二是需要针对每个学生的特点，制订个性化的教育方案。例如，对于学习能力强、兴趣广泛的学生，为他们提供更丰富的学习资源和挑战；对于性格内向、缺乏自信的学生，则需要给予更多的关爱和鼓励，帮助他们建立自信，积极参与到学习中。三是实现个性化教育还需要关注学生的成长过程。通过定期评估学生的学习进展和表现，及时调整教育方案，确保每个学生都能在适合自己的学习环境中得到成长和发展。

改进教育方法、提高教育效果是优化大学生思想政治教育的关键。通过创新教学方式、增强教学互动性，激发学生的学习兴趣和参与度；通过注重因材施教、实现个性化教育，满足学生的不同需求，提高他们的学习效果。在未来的教育实践中，应该不断探索和改进教育方法，为大学生的全面发展提供更加优质的教育服务。

四、加强师资队伍建设，提升教育质量

在大学生思想政治教育工作中，教师队伍的素质和能力是影响教育质量的关键因素，一个优秀的教师团队，不仅能够传递知识，更能引导学生树立正确的价值观，激发他们的创新精神和实践能力。因此，加强师资队伍建设，提升教育质量，是优化大学生思想政治教育的必由之路。

（一）提升教师思想政治素质，强化教育引导力

在大学生思想政治教育中，教师的思想政治素质起着至关重要的作用，教师的言行举止、价值观念都会对学生产生深远的影响，因此，提升教师的思想政治素质，是加强大学生思想政治教育、强化教育引导力的基础。一是教师应不断加强自身的政治理论学习，深入学习党的路线方针政策，坚定理想信念，增强政治敏锐性和鉴别力，只有这样，教师才能在教育过程中准确传递党的声音，引导学生树立正确的世界观、人生观和价值观。二是教师应注重自身修养，做到言行

一致、表里如一，在传授知识的同时更要注重引导学生树立正确的道德观念，培养学生的良好品德。教师的高尚品德和良好形象，将成为学生心中的楷模，对学生产生深远的影响。三是教师应积极参与社会实践、了解社会动态、关注国家大事。通过实践，教师可以更好地把握时代脉搏，将理论知识与实践相结合，提高教育的针对性和实效性。同时，教师还应注重与学生的沟通交流，了解学生的思想动态，及时解答学生的疑惑，增强教育的引导力。

（二）加强教师培训与进修，提高专业素养

为了持续提高教师的专业素养和教育教学能力，高校应加强对教师的培训与进修工作。一是定期举办教育培训班，邀请专家学者进行授课，更新教师的教育理念和教学方法。二是鼓励教师参加学术研讨会和教学交流活动，与同行交流经验，拓宽视野。三是支持教师攻读更高学位或进行访学，以提升教师的学术水平和专业素养。这些措施将帮助教师不断更新知识结构，提高教育教学水平，从而为学生提供更优质的教育服务，同时，加强教师培训与进修也是推动教师个人职业发展的重要途径，有助于增强教师的职业认同感和归属感。

（三）优化教师队伍结构，激发创新活力

优化教师队伍结构，对于激发创新活力、提升教育质量具有重要意义，高校应着力构建一支年龄结构合理、学术背景多元、教学经验丰富的教师队伍。一是加强青年教师培养，为他们提供成长空间和机会，鼓励他们勇于创新、敢于实践。二是引进高层次人才，增强教师队伍的学术实力和国际影响力，同时建立合理的激励机制，鼓励教师参与教学改革和科研创新，激发他们的工作热情和创造力。这样的教师队伍结构不仅能够满足学生多样化的学习需求，还能推动教育教学工作的不断创新和发展。

加强师资队伍建设、提升教育质量是优化大学生思想政治教育的关键举措。通过提升教师思想政治素质、加强教师培训与进修、优化教师队伍结构等措施，打造一支高素质、专业化的教师队伍。这样的教师队伍不仅能够更好地传授知识、培养学生的能力素质，还能为学生的全面发展提供有力保障。因此，高校应高度重视师资队伍建设工作，不断提升教育质量，为培养更多优秀人才贡献力量。

五、构建协同育人机制，形成教育合力

在当今社会，大学生思想政治教育面临着复杂多变的环境和挑战，为了更好地培养有理想、有道德、有文化、有纪律的社会主义建设者和接班人，高校需要构建协同育人机制，整合各方资源，形成教育合力。通过构建这一机制，有效提升大学生的综合素质和社会适应能力，为实现中华民族伟大复兴贡献力量。

（一）建立多元化的教育主体，形成协同育人格局

随着社会的快速发展和高等教育改革的不断深化，大学生思想政治教育的任务越发艰巨而复杂，为了应对这一挑战，有必要建立多元化的教育主体，形成协同育人的新格局。

一是多元化的教育主体意味着不再将教育责任局限于高校内部，政府、企业、社会组织等都成为大学生思想政治教育的参与者，共同肩负起培养社会主义建设者和接班人的重任。政府提供政策支持和资源保障，为高校创造良好的教育环境；企业为学生提供实践机会和就业指导，帮助他们更好地适应社会发展需求；社会组织则提供多样化的社会教育和公益活动，培养学生的社会责任感和公民意识。

二是多元化的教育主体有助于形成优势互补的育人格局。不同的教育主体具有不同的优势和资源，通过合作与交流，实现资源共享、优势互补。例如，高校发挥自身在理论研究、人才培养方面的优势，而企业则提供实践经验和职业发展指导，这种优势互补的育人格局不仅提高教育效果，还为学生的全面发展创造更多机会。

三是多元化的教育主体还有助于增强教育的针对性和实效性，不同的教育主体针对学生的不同需求和特点，开展有针对性的教育活动。例如，对于思想活跃、兴趣广泛的学生，通过组织学术讲座、文化交流等活动，满足他们的求知欲望；对于实践能力较强的学生，则通过实习实训、创新创业等方式，培养他们的实践能力和创新精神。

（二）加强课程思想政治建设，实现知识传授与价值引领的有机结合

在新时代背景下，加强课程思想政治建设，实现知识传授与价值引领的有机

结合，对于培养全面发展的高素质人才具有重要意义。高校应将思想政治教育融入各类课程中，使专业知识与思想政治教育相辅相成。教师在传授专业知识的同时，注重挖掘和融入思想政治元素，引导学生理解专业知识的价值内涵，培养学生的爱国情怀和社会责任感。通过案例分析、课堂讨论等方式，将思想政治教育融入日常教学中，让学生在潜移默化中接受正确的价值观和道德观。此外，高校还应加强课程思想政治的师资培养，提高教师的思想政治素养和教育教学能力。教师作为课程思想政治的主要实施者，其思想政治素养和教学水平直接影响到课程思想政治的效果，因此，高校应加强对教师的思想政治培训，鼓励教师积极参与课程思想政治建设，不断提升自身的教学水平和思想政治素养。

（三）完善实践育人体系，增强大学生的社会责任感和使命感

为了培养具备社会责任感和使命感的大学生，高校应致力完善实践育人体系。实践教育不仅是理论知识的延伸，更是学生接触社会、了解国情、增强社会责任感的重要途径。高校应搭建多样化的实践平台，如社会实践、志愿服务、实习实训等，让学生有机会深入基层、走进社会，了解社会需求和问题。通过实践活动，学生可亲身体验社会的复杂性和多样性，增强对社会现象的理解和判断力，从而激发他们为社会做贡献的意愿。同时高校还应加强对实践活动的指导和管理，确保实践活动的针对性和实效性，通过引导学生关注社会问题、参与社会服务、开展创新创业等方式，培养学生的实践能力和创新精神，使他们在实践中得到锻炼和成长。

构建协同育人机制、形成教育合力是优化大学生思想政治教育的关键举措。通过建立多元化的教育主体、加强课程思政建设、完善实践育人体系等措施，整合各方资源，形成优势互补的育人格局。这种协同育人的模式不仅提升了大学生的综合素质和社会适应能力，还培养了他们的创新精神和创业能力，为实现中华民族伟大复兴贡献力量。因此，高校应高度重视协同育人机制的构建工作，不断探索和实践新的育人模式和方法，为培养更多优秀人才贡献力量。

第五章　高校思想政治教育的环境与优化

第一节　校园文化环境与思想政治教育

一、校园文化的内涵与功能

校园文化作为高校精神风貌的集中体现，是大学生成长成才的重要土壤，它不仅涵盖了物质文化、精神文化、制度文化等层面，更在无形中影响着大学生的思想观念、价值取向和行为方式。因此，深入理解和把握校园文化的内涵与功能，对于加强和改进高校思想政治教育具有重要意义。

（一）校园文化的内涵

校园文化是一所学校独特的精神风貌和文化氛围的体现，它涵盖了物质文化、精神文化和制度文化等层面。

一是物质文化是学校文化的外在表现，包括学校的建筑风格、教学设施、校园环境等，它们为学生提供了学习、生活的场所，也为学生营造了浓厚的文化氛围。

二是精神文化是校园文化的核心，它体现了学校的办学理念、价值追求和精神风貌，学校的校训、校风、学风等都是精神文化的重要组成部分，它们无形中影响着学生的思想观念、价值取向和行为方式。精神文化是学校文化的灵魂，它塑造了学生的品格，培养了学生的精神，为学生的全面发展提供了精神支撑。

三是制度文化是校园文化的重要保障，它体现了学校的管理体制、规章制度和行为规范。学校的管理制度、教学制度、学生管理制度等都是制度文化的重要组成部分，它们规范了学校的教学秩序，保障了学生的学习权益，也为学生的全面发展提供了制度保障。

（二）校园文化的功能

校园文化在高校教育中扮演着至关重要的角色，它不仅为学生提供了丰富多彩的学习和生活环境，更在多个方面发挥着独特的功能。

一是校园文化具有教育功能。它通过潜移默化的方式，影响学生的思想观念、道德情感和行为习惯，优秀的校园文化能够引导学生树立正确的世界观、人生观和价值观，培养学生的社会责任感、集体荣誉感和个人品德。

二是校园文化具有凝聚功能。它作为学校共同价值观的体现，能够增强师生之间的凝聚力和向心力，在共同的文化氛围下，师生更容易形成共同的目标和追求，促进学校内部的和谐稳定。

三是校园文化具有激励功能。它通过表彰先进、树立典型等方式，激发学生的积极性和创造力。优秀的校园文化能够为学生提供展示才华、实现价值的平台，让学生在竞争中不断进步、超越自我。

四是校园文化还具有调节功能。在紧张的学习生活中，校园文化能够为学生提供精神慰藉和心理支持，通过参与各种文化活动，学生能够放松心情、缓解压力，保持良好的心理状态。

（三）校园文化与思想政治教育的互动关系

校园文化与思想政治教育在高校教育中存在着密切的互动关系，校园文化作为高校精神风貌的集中体现，为思想政治教育提供了丰富的资源和广阔的舞台。一方面，校园文化是思想政治教育的重要载体。通过校园文化活动，将社会主义核心价值观、理想信念教育等内容融入其中，使学生在参与活动的过程中，潜移默化地接受思想政治教育。这种教育方式更加生动、直观，易于被学生接受和认同。另一方面，思想政治教育也促进了校园文化的健康发展。通过加强思想政治教育，引导学生树立正确的世界观、人生观和价值观，形成良好的道德风尚和行为习惯，这些价值观念和行为规范又会进一步影响校园文化的氛围和内涵，推动校园文化向更高层次发展。①

校园文化作为高校精神风貌的集中体现，在大学生思想政治教育中发挥着重要作用，应通过深入理解和把握校园文化的内涵与功能，进一步加强和改进高校

---

① Liu Y . Case Study on Exploring Ideological and Political Education in University Computer Fundamentals Courses [J]. Adult and Higher Education, 2024, 6 (3): 45-50.

思想政治教育工作。在未来的发展中，应该继续探索校园文化与思想政治教育的互动关系，推动校园文化建设与思想政治教育工作的深度融合和创新发展。

二、校园文化建设与思想政治教育的关系

校园文化环境与思想政治教育之间存在着紧密的联系和相互作用。校园文化建设是塑造学生思想品质、培养健全人格的重要途径，而思想政治教育则是校园文化建设的灵魂和核心，两者相辅相成，共同促进高校学生的全面发展。

（一）校园文化建设是思想政治教育的重要载体

校园文化建设作为高校教育的重要组成部分，其独特的魅力和影响力使其成为思想政治教育的重要载体，校园文化以其丰富多彩的形式和深入人心的内涵，为学生提供了接受思想政治教育的生动课堂。一是校园文化活动是学生参与度高、互动性强的教育形式。通过举办文化讲座、艺术展览、体育竞赛等活动，学校将社会主义核心价值观、爱国主义、集体主义等思想政治教育内容融入其中，让学生在参与中感受文化的力量，接受思想的熏陶。二是校园文化环境对学生思想品质的形成具有潜移默化的影响。优美的校园环境、浓郁的文化氛围、积极向上的精神风貌，都能激励学生树立正确的世界观、人生观和价值观，培养良好的道德风尚和行为习惯。

（二）思想政治教育引领校园文化建设方向

思想政治教育在高校教育中具有核心地位，它不仅关乎学生的个人成长，更对校园文化建设的方向起着决定性的引领作用。

一是思想政治教育为校园文化建设提供了明确的指导思想。它强调培养学生的社会主义核心价值观，弘扬爱国主义、集体主义精神，这些原则和价值观念成为校园文化建设的根本遵循。[①]

二是思想政治教育引领校园文化建设的具体实践。通过组织各种主题教育活动、开展社会实践等，将思想政治教育的内容与校园文化活动相结合，使学生在实践中深化对思想政治教育内容的理解和认同，进而在校园文化建设中积极

---

① Wang H ,Zhang G . An Exploration of the Ideological and Political Education Resources Embedded in the Quality Transfer Board of the Principles of Chemical Engineering Course [J]. Education Journal, 2024, 7 (3): 35–42.

践行。

三是思想政治教育确保了校园文化建设的正确方向。它及时纠正校园文化中出现的偏差和错误倾向，确保校园文化始终沿着健康、积极、向上的方向发展。

（三）校园文化建设与思想政治教育相互促进

校园文化建设与思想政治教育在高校育人工作中相辅相成，相互促进，共同为学生的全面发展提供有力支撑。一方面，校园文化建设为思想政治教育提供了丰富的实践平台和生动的教育资源。通过举办各种文化活动、建设文化景观等方式，校园文化不仅丰富了学生的课余生活，也为学生提供了直观、生动的思想政治教育素材，使教育过程更加贴近学生实际，更具感染力。另一方面，思想政治教育则通过其深刻的思想内涵和明确的价值导向，为校园文化建设提供了方向和灵魂。它引导学生树立正确的世界观、人生观和价值观，弘扬社会主义核心价值观，这些价值观念和精神追求成为校园文化建设的核心内容，使校园文化更具思想性、教育性和先进性。[①]

校园文化建设与思想政治教育之间存在着密不可分的关系，校园文化建设是思想政治教育的重要载体，为思想政治教育提供了广阔的平台和生动的教材；思想政治教育则引领校园文化建设方向，使校园文化呈现出健康向上、积极向善的精神风貌。两者之间相辅相成、相互促进，共同推动高校学生的全面发展，因此，在高校育人工作中，应充分认识并发挥校园文化建设与思想政治教育的重要作用，推动两者之间的深度融合和协调发展。

三、加强校园文化建设的措施与建议

校园文化建设是高校教育环境的重要组成部分，对于提升大学生的思想政治素质、塑造健全人格具有不可替代的作用。当前，随着社会的快速发展和高等教育的不断深化改革，校园文化建设面临着新的机遇与挑战。因此，加强校园文化建设，提升校园文化品质，成为当前高校思想政治教育工作的重要任务。

---

① Wang Z ,Cheng D ,Feng M , et al. Teaching Reform and Practice of "Basic Theory of Traditional Chinese Medicine" under the Ideological and Political Concept [J]. Journal of Educational Research and Policies, 2024, 6 (2):78−84.

（一）营造积极向上的校园文化氛围

营造积极向上的校园文化氛围，对于高校学生的全面发展至关重要，这种氛围不仅能够激发学生的学习热情，还能促进学生形成健康向上的心态，塑造健全的人格。要营造积极向上的校园文化氛围，应做到以下方面。

一是需要明确校园文化的核心价值观念。学校应弘扬爱国主义、集体主义精神，强调诚信、勤奋、创新等优良品质，引导学生树立正确的世界观、人生观和价值观。这些价值观念应贯穿于校园生活的各个环节，成为师生共同遵循的行为准则。[①]

二是学校应加强对学生思想政治教育的引导。通过举办主题班会、团日活动、党课学习等，加强对学生的思想政治教育，帮助其树立正确的政治方向，增强社会责任感和历史使命感。

三是学校还应关注学生的心理健康，提供心理咨询和辅导服务，帮助学生建立健康的心态。在校园文化建设中，注重发挥榜样的作用，学校应树立优秀学生、优秀教师等先进典型，通过他们的言行举止，影响和带动更多的学生。

四是学校还应加强对校园文化的传播和宣传。通过校园广播、电视、网络等媒体资源，宣传校园文化的重要性和内涵，增强学生对校园文化的认同感和归属感。

（二）加强校园文化设施建设

校园文化设施作为高校教育环境的重要组成部分，其完善程度直接关系到学生的学习体验和精神文化生活，加强校园文化设施建设，不仅能够提升学校的整体形象，更能为学生的全面发展提供有力支撑。

一是学校应加大对校园文化设施的投入力度，通过合理分配教育资源，确保图书馆、体育馆、艺术馆等文化设施得到充足的资金保障。同时，要关注设施的更新和维护，确保设施的安全性和完好性，为学生提供一个舒适、安全的学习和活动环境。

二是要创新校园文化设施的使用方式，除了满足基本的教学和训练需求，还应鼓励师生充分利用这些设施开展丰富多彩的文化活动。例如，图书馆举办读书

① Jiang B . Implementation Status and Optimization of Ideological & Political Education in International Trade Practice Course—Based on the Case of Ningbo Polytechnic [J]. Frontiers in Educational Research, 2024, 7 (2):52-58.

分享会、学术讲座等，体育馆组织体育比赛、健身培训等，让师生在参与中感受到文化的魅力和力量。

三是学校还应注重校园文化设施的开放性和共享性，通过建设多功能、开放式的文化设施，吸引更多的师生和社区居民参与其中，实现资源的共享和互动。这不仅有助于丰富校园文化生活，还能促进校内外文化的交流和融合。①

（三）完善校园文化管理体系

完善校园文化管理体系，对于促进校园文化的健康发展、提升校园文化品质具有至关重要的意义，一个健全的管理体系能够确保校园文化活动的有序开展，增强校园文化的凝聚力和影响力。

一是学校应建立健全校园文化管理制度。这些制度应包括校园文化的建设目标、内容要求、组织形式、活动安排等方面的规定，确保校园文化的建设有章可循、有据可依。同时要明确各部门的职责和任务，形成齐抓共管的良好局面，确保校园文化的各项工作得到有效落实。

二是要加强校园文化活动的监督和评估。学校应建立校园文化活动的监督和评估机制，对校园文化活动进行定期检查和评估，发现问题及时整改，这有助于确保校园文化活动的质量和效果，提升校园文化的整体品质。

三是学校还应鼓励师生参与校园文化管理。通过成立校园文化管理委员会、学生社团等组织，鼓励师生积极参与校园文化活动的策划、组织和实施。这不仅能够提高师生的参与度和归属感，还能促进师生之间的交流和互动，增强校园文化的凝聚力和向心力。

四是要加强与校外文化机构的合作与交流。学校应积极与校外文化机构建立合作关系，共同开展校园文化活动。这有助于引进外部资源，丰富校园文化的内容和形式，提升校园文化的品质和影响力。

加强校园文化建设是提升高校思想政治教育工作的重要措施。通过构建积极向上的校园文化氛围、加强校园文化设施建设和完善校园文化管理体系等措施的实施，有效提升校园文化的品质和影响力，为大学生的思想政治素质的提升和全面发展提供有力保障。同时，加强校园文化建设也是推动高校教育内涵式发展的

---

① Liang Z ,Zhang X . Research on the Dual Dimensions of Artificial Intelligence in Precision Ideological and Political Education in Universities [J]. Advances in Social Behavior Research, 2024, 5 (1): 46-51.

重要途径之一，有助于提升高校的教育质量和核心竞争力。

四、发挥校园文化在思想政治教育中的作用

校园文化作为高校教育环境的重要组成部分，其独特的教育功能和价值在思想政治教育中发挥着不可替代的作用。校园文化通过其丰富多彩的活动、深厚的文化底蕴和积极向上的精神风貌，影响着学生的思想观念、道德品质和行为习惯，因此，如何有效发挥校园文化在思想政治教育中的作用，成为当前高校教育面临的重要课题。

（一）校园文化是思想政治教育的生动课堂

校园文化作为高校独有的教育环境，是思想政治教育的生动课堂。它通过丰富多彩的活动和形式，将抽象的思想政治教育内容具象化、生动化，使学生在参与中接受教育、感受熏陶。校园文化活动往往围绕爱国主义、集体主义、社会主义核心价值观等展开，通过文艺演出、主题班会、团日活动等形式，让学生直观感受到这些价值观念的力量。这些活动不仅提高了学生的思想政治素质，也增强了他们的民族自豪感和文化自信，同时校园文化还是学生自我展示和锻炼的舞台。在各类比赛中，学生不仅能展示自己的才华，还能在竞争中学会合作、学会拼搏，这些经历对于培养学生的集体意识、团队精神和竞争意识都具有重要意义。

（二）校园文化是思想政治教育的实践基地

校园文化作为高校的重要组成部分，不仅是思想政治教育的生动课堂，更是其实践基地。在校园文化建设的过程中，学生有机会将所学的思想政治理论知识付诸实践，通过亲身体验和实际操作，深化对理论知识的理解和认同。

一是校园文化活动为学生提供了广阔的实践平台。社会实践、志愿服务、创新创业等，都是思想政治教育实践的具体体现，学生在参与这些活动的过程中，能够深入了解社会、认识国情，增强社会责任感和历史使命感。同时，他们还能通过亲身实践，将所学的理论知识与实际问题相结合，提高解决问题的能力。

二是校园文化活动有助于培养学生的实践能力和创新精神。在校园文化中，学生根据自己的兴趣和特长，选择参与各种实践活动。这些活动不仅锻炼了学生

的组织能力和协调能力，还激发了他们的创造力和创新精神。通过这些实践经历，学生能够更好地适应社会的需求，为未来的职业发展打下坚实的基础。

三是校园文化活动还能够增强学生的团队协作和沟通能力。在校园文化活动中，学生需要与不同背景、不同专业的人进行合作和交流。这种跨学科的交流和合作，有助于培养学生的团队协作和沟通能力，提高他们的综合素质。

（三）校园文化是思想政治教育的精神家园

校园文化不仅是高校教育的重要组成部分，更是学生思想政治教育的精神家园，它以深厚的文化底蕴和积极向上的精神风貌，为学生提供了心灵的滋养和精神的寄托。在这个精神家园里，学生感受到学校的温暖和关怀，增强了对学校的归属感和认同感，校园文化所倡导的价值观、道德观和审美观，也在潜移默化中影响着学生的思想和行为，塑造着他们的精神世界。同时，校园文化还是学生精神成长的摇篮，在这里学生接触到各种优秀的文化成果，感受到文化的魅力和力量。这些文化成果不仅能够丰富学生的精神世界，还能够激发他们的创造力和创新精神，促进他们全面发展。

校园文化在思想政治教育中发挥着重要作用，是思想政治教育的重要载体和平台，通过构建积极向上的校园文化氛围、加强校园文化设施建设和完善校园文化管理体系等措施的实施，充分发挥校园文化在思想政治教育中的作用。具体来说，校园文化是思想政治教育的生动课堂，为学生提供了丰富的教育资源和实践机会；是思想政治教育的实践基地，让学生在实践中深化对思想政治教育内容的理解和认同；是思想政治教育的精神家园，为学生提供精神支持和心理慰藉。因此，高校应充分重视校园文化建设，发挥其在思想政治教育中的重要作用，为学生的全面发展提供有力保障。同时，学校还应不断探索和创新校园文化建设的途径和方法，使其更好地服务于思想政治教育工作。

第二节 网络环境与思想政治教育

一、网络环境对大学生的影响

随着信息技术的迅猛发展，网络环境已经成为大学生学习、生活和社交的重要空间。网络环境的开放性、互动性、匿名性等特点，给大学生的思想观念、价值取向和行为习惯带来了深刻影响。因此，探讨网络环境对大学生的影响，对于加强高校思想政治教育工作具有重要意义。

（一）网络环境对大学生思想观念的冲击

随着互联网的普及和深入，网络环境已成为大学生获取信息、交流思想的重要平台，然而这一开放性极强的环境也给大学生的思想观念带来了前所未有的冲击。

一是网络信息的多样性和复杂性使得各种思想、观念交织在一起，大学生在接触这些信息时，容易受到各种思潮的影响，导致思想观念的混乱和多元化，一些错误、偏激的言论甚至会误导大学生的价值观，使其产生迷茫和困惑。

二是网络环境的匿名性和隐蔽性使得一些不负责任的言论和行为得以传播，一些人在网络上随意发表观点，甚至恶意攻击、诋毁他人，这种氛围容易让大学生产生不信任和抵触心理，影响他们的道德判断和责任感。

三是网络环境的即时性和互动性也加速了信息的传播和扩散，大学生在接收信息时，往往缺乏足够的思考和辨别能力，容易被情绪所左右，产生偏激、极端的观点和行为。

（二）网络环境对大学生社交方式的改变

网络环境为大学生提供了一个全新的社交空间，使他们的社交方式发生了显著的变化。

一是网络环境打破了传统社交的时空限制，大学生通过社交媒体、即时通信工具等，随时随地与他人进行交流，无论身处何地，都能保持紧密的联系。这种便捷的社交方式极大地丰富了大学生的社交生活，使他们能够结交更多的朋友，拓宽社交圈子。

二是网络环境改变了大学生的社交习惯，在网络社交中，大学生更倾向于使用文字、图片、视频等多媒体形式来表达自己，这种表达方式更加直观、生动，也更容易引起他人的共鸣。同时网络社交的匿名性和隐蔽性使得大学生在交流过程中更加自由、开放，能够更真实地表达自己的想法和感受，然而，网络环境也带来了一些社交问题。一方面，过度依赖网络社交导致大学生在现实生活中的人际交往能力下降，出现"社交恐惧"等问题；另一方面，网络社交的匿名性和隐蔽性也容易滋生一些不良行为，如网络欺凌、造谣传谣等。

（三）网络环境对大学生学习方式的影响

网络环境对大学生的学习方式产生了深远的影响，为他们提供了更加丰富和灵活的学习资源和途径。一是网络资源的广泛性和多样性使得大学生能够轻松获取各种学习资料和信息，无论是专业课程资料、学术研究成果，还是各类在线课程和学习平台，都极大地丰富了大学生的学习内容，拓宽了他们的知识视野。二是网络环境的便捷性和互动性改变了大学生的学习方式，他们通过在线学习平台、网络论坛、社交媒体等途径，随时随地参与学习讨论，与老师和同学进行互动交流。这种学习方式不仅提高了学习效率，也激发了学生的学习兴趣和主动性，然而，网络环境也带来了一些挑战。一方面，网络信息的繁杂和碎片化导致大学生在学习过程中缺乏系统性和深度；另一方面，过度依赖网络学习也削弱了大学生的独立思考和创新能力。

网络环境对大学生的影响是多方面的、深刻的，高校思想政治教育工作者应充分认识到网络环境的重要性，加强对大学生的网络素养教育，引导他们树立正确的思想观念、社交观念和学习观念，只有这样，才能充分发挥网络环境在大学生思想政治教育中的积极作用，促进大学生的全面发展和成长。

二、网络思想政治教育的特点与优势

随着信息技术的飞速发展，网络环境已经成为高校思想政治教育不可忽视的重要阵地，网络思想政治教育作为传统思想政治教育的延伸和拓展，具有其独特的特点和优势。下面将深入探讨网络思想政治教育的特点与优势，以期对高校的思想政治教育工作有所启发。

（一）网络思想政治教育的即时性与互动性

随着信息技术的迅猛发展和互联网的普及，网络思想政治教育展现出了其独特的即时性与互动性，这些特性使得传统的教育模式得到了极大的拓展和丰富。网络思想政治教育的即时性，意味着信息的传递不再受到时间和空间的限制，在传统教育模式下，信息的传递往往依赖于课堂讲授、书籍阅读等方式，这些方式不仅效率低下，而且难以做到即时更新。然而在网络环境中，教育者通过网络平台即时发布最新的思想政治教育内容，大学生则通过手机、电脑等终端即时接收和学习。这种即时性不仅提高了信息的传播效率，也使得教育内容更具时效性和针对性。

网络思想政治教育的互动性，则体现在教育者和大学生之间的双向交流上。在传统教育模式下，教育者往往扮演着知识传授者的角色，而大学生则更多的是被动接受者。然而在网络环境中，大学生通过留言、评论、在线讨论等方式，与教育者进行即时的互动交流。这种互动性不仅有助于教育者了解大学生的思想动态和学习需求，也激发了大学生参与思想政治教育的积极性和主动性。此外，网络思想政治教育的互动性还体现在大学生之间的互相交流和讨论上，通过网络平台，大学生分享自己的学习心得和体会，与他人进行思想碰撞和交流。这种交流有助于拓宽大学生的视野，激发他们的思维活力，培养他们的批判性思维和创新能力。

（二）网络思想政治教育的个性化与自主性

网络思想政治教育以其独特的个性化与自主性特点，为现代大学生的思想政治教育注入了新的活力，这种教育模式突破了传统课堂的限制，为大学生提供了更为广阔、自由的学习空间。一是网络思想政治教育的个性化体现在其教育资源的丰富多样上。网络环境中汇聚了海量的教育资源，包括各种课程、讲座、文章、视频等，这些资源涵盖了广泛的主题和领域，能够满足不同大学生的个性化需求。大学生根据自己的兴趣、专业方向和发展目标，自主选择适合自己的学习内容，从而实现个性化的学习。二是网络思想政治教育的自主性体现在学习过程的自主控制上。在网络环境中，大学生自主安排学习时间、地点和进度，不再受到传统课堂的约束。他们随时随地通过网络平台进行学习，根据自己的实际情况灵活调整学习计划。这种自主性不仅有助于培养大学生的自律能力和自我管理能力，也激发了他们的学习积极性和主动性。

（三）网络思想政治教育的广泛性与创新性

网络思想政治教育以其独特的广泛性与创新性，为高校思想政治教育领域带来了革命性的变革。一是网络思想政治教育的广泛性体现在其覆盖范围的扩大上。网络打破了地域和时间的限制，使得思想政治教育资源能够迅速传播到世界各地，大学生通过网络平台接触到来自世界各地的优秀教育资源和思想观点，拓宽了他们的知识视野和思维边界。二是网络思想政治教育的创新性体现在教育形式和手段的创新上。网络为教育者提供了更多的创新空间，他们利用多媒体、虚拟现实、大数据等先进技术，打造出丰富多彩、富有吸引力的网络思想政治教育产品。这些创新的教育形式不仅提高了大学生的参与度和兴趣，也增强了教育的感染力和影响力。

网络思想政治教育作为高校思想政治教育的重要组成部分，具有即时性与互动性、个性化与自主性、广泛性与创新性等特点和优势。这些特点和优势使得网络思想政治教育能够更好地满足大学生的需求，提高教育的针对性和实效性。因此，高校应加强对网络思想政治教育的重视和投入，积极探索和创新网络思想政治教育的方法和手段，为培养具有高素质、高能力、高素养的优秀人才做出更大的贡献。

三、加强网络思想政治教育的措施与建议

随着互联网的深入发展和广泛应用，网络环境已经成为高校思想政治教育的重要阵地，网络思想政治教育作为一种新兴的教育形态，其独特性和重要性日益凸显。然而，网络环境的复杂性和多变性也给高校思想政治教育带来了新的挑战，因此，加强网络思想政治教育，提高大学生的网络素养和道德水平，已成为高校亟须解决的问题。下面将探讨加强网络思想政治教育的措施与建议，以期为高校思想政治教育提供有益的参考。

（一）建立健全网络思想政治教育体系

一是加强网络思想政治教育需要建立健全网络思想政治教育体系。这包括制定和完善网络思想政治教育的政策文件、规章制度，明确网络思想政治教育的目标、任务和要求。同时要加强网络思想政治教育师资队伍建设，提高教师的网络素养和教育教学能力，通过建立完善的网络思想政治教育体系，为网络思想政治教育提供有力的制度保障和人才支持。二是要构建多层次、全方位的网络思想政治教育平台。这包括建立校园网站、微信公众号、微博等网络平台，发布思想政治教育信息和资源，为大学生提供便捷的学习和交流渠道。三是要加强与主流媒体、商业网站的合作，共同打造健康、积极的网络文化环境，通过构建多层次、全方位的网络思想政治教育平台，扩大网络思想政治教育的覆盖面和影响力。

（二）创新网络思想政治教育的方法和手段

一是要充分利用互联网技术的优势，创新网络思想政治教育的方法和手段。这包括运用大数据、云计算等先进技术，对大学生的网络行为、思想动态进行实时分析和跟踪，为思想政治教育提供精准的数据支持。同时，要探索利用虚拟现实、增强现实等新技术，打造沉浸式的思想政治教育场景，提高大学生的参与度和体验感。二是要注重网络思想政治教育的互动性和参与性。通过开展网络主题讨论、网络征文、网络直播等活动，激发大学生的参与热情，提高他们的思辨能力和表达能力。同时，要加强与大学生的互动交流，了解他们的思想动态和需求，为他们提供个性化的指导和帮助。

（三）加强网络思想政治教育的监管和评估

一是要加强网络思想政治教育的监管。建立健全网络思想政治教育的监管机制，加强对网络信息的过滤和筛选，防止不良信息的传播和扩散，同时要加强对大学生的网络行为管理，引导他们文明上网、理性表达。二是要建立网络思想政治教育的评估机制。通过定期评估网络思想政治教育的效果和质量，了解大学生的思想动态和满意度，为改进和优化网络思想政治教育提供依据，同时要加强对教师的考核和评价，激励他们积极参与网络思想政治教育工作。

加强网络思想政治教育是高校思想政治教育的重要任务之一，通过建立健全网络思想政治教育体系、创新网络思想政治教育的方法和手段、加强网络思想政治教育的监管和评估等措施，提高网络思想政治教育的针对性和实效性，培养具有高尚道德品质和良好网络素养的新时代大学生。同时，高校也应不断探索和实践新的网络思想政治教育模式和方法，以适应网络环境的变化和大学生成长的需求。

四、应对网络负面影响的策略与方法

随着互联网的快速发展，网络环境对大学生的思想、行为及价值观产生了深远的影响，然而，网络环境的复杂性和多元性也带来了诸多负面影响，如网络谣言、网络暴力等。这些负面影响不仅干扰了大学生的正常学习和生活，还对他们的心理健康和人格发展造成危害，因此，如何有效应对网络负面影响，成为高校思想政治教育亟须解决的问题。下面将探讨应对网络负面影响的策略与方法，以期为高校思想政治教育提供有益的参考。

（一）加强网络素养教育

面对网络信息的泛滥和复杂性，加强网络素养教育显得尤为重要，网络素养是指个体在网络环境中获取信息、分析信息、评价信息、传播信息的能力。通过加强网络素养教育，提高大学生对网络信息的辨别能力，使他们能够正确判断信息的真伪和价值，避免受到不良信息的干扰和误导。为了加强网络素养教育，高校开设相关的课程和活动，如网络素养讲座、网络道德研讨会等，帮助学生了解网络的基本知识和规范，提高他们的网络素养水平。同时，高校还要加强与家庭、社会的合作，共同营造良好的网络环境，为大学生的健康成长提供有力保障。

（二）建立网络舆情监控机制

随着互联网技术的迅猛发展，网络舆情对大学生的思想和行为产生了日益显著的影响，为了及时、准确地把握网络舆情的动态，有效应对网络谣言和网络暴力等不良信息的传播，高校亟须建立一套完善的网络舆情监控机制。网络舆情监控机制的建立，一是要求高校具备先进的信息技术手段。通过运用大数据、云计算等现代技术，高校实现对网络舆情的实时监测和数据分析。这不仅能够帮助高校快速捕捉到网络上的热点话题和敏感信息，还能对信息的来源、传播路径和影响范围进行深入挖掘，为后续的舆情应对提供科学依据。二是高校需要组建专业的网络舆情监控团队，这支团队应具备较高的政治素养、媒介素养和数据分析能力，能够准确判断网络舆情的性质、趋势和影响，提出相应的应对策略和建议。同时，团队还需要具备快速反应和处置的能力，确保在舆情发生时能够迅速采取措施，防止事态进一步恶化。三是高校还需要建立健全网络舆情应对机制，这包括制定网络舆情应急预案，明确应对流程和责任分工，加强与媒体、政府和社会各界的沟通协调等。通过这些措施，高校在舆情发生时能够迅速启动应急预案，采取有效措施进行应对，确保舆情得到妥善处理和解决。

（三）加强心理健康教育

在当今社会，心理健康教育对于大学生的成长和发展至关重要，面对网络时代的挑战和机遇，加强心理健康教育显得尤为重要。这不仅有助于大学生更好地应对网络带来的压力和挑战，还能促进他们的身心健康和全面发展。加强心理健康教育，一是提高大学生的心理素质。高校通过开设心理健康教育课程、举办心理健康讲座等方式，向学生传授心理健康知识，帮助他们了解心理问题的表现、成因和应对方法，同时高校还提供心理咨询和辅导服务，为有需要的学生提供个性化的心理支持和帮助。二是加强心理健康教育要注重培养大学生的情绪管理能力。网络时代的信息爆炸和快节奏生活使得人们更容易产生情绪波动，因此高校应教育大学生学会鉴别自己的情绪，了解情绪的影响，并学会通过合理的方式表达和管理自己的情绪。这有助于大学生在面对网络压力和挑战时，保持冷静和理智，避免情绪失控。三是加强心理健康教育还要注重培养大学生的网络素养。网络素养不仅指个体在网络环境中获取信息、分析信息的能力，还包括对网络信息的批判性思考和道德判断能力。高校应教育大学生在浏览网络信息时，保持警觉和理性，避免受到不良信息的干扰和误导，同时还应引导大学生树立正确的价值观和道德观，培养他们的网络道德意识和社会责任感。

应对网络负面影响是高校思想政治教育的重要任务之一，通过加强网络素养教育、建立网络舆情监控机制、加强心理健康教育等策略和方法，有效地应对网络负面影响，提高大学生的网络素养和心理健康水平。同时，高校还需要不断探索和实践新的方法和手段，以适应网络环境的变化和大学生的成长需求，只有这样，才能更好地发挥思想政治教育的作用，促进大学生的全面发展。

第三节 社会环境与思想政治教育

一、社会环境对大学生的影响

在全球化、信息化和多元化的时代背景下，社会环境对大学生的影响越发显著，大学生作为社会的敏感群体，其思想观念、价值观念和行为方式都深受社会环境的影响。因此，深入探讨社会环境对大学生的影响，对于加强高校思想政治教育、促进大学生健康成长具有重要意义。

（一）经济环境对大学生的影响

经济环境是影响大学生成长的重要因素之一，随着我国经济的快速发展，大学生的就业压力、经济压力不断增大，这在一定程度上影响了他们的心理状态和行为选择。一是经济压力使大学生更加注重实际利益。在就业市场竞争激烈的背景下，大学生普遍感到就业压力大、前途迷茫。为了获得更好的就业机会和更高的收入，他们更加注重实用技能和经验积累，而相对忽视了对思想政治理论的学习和思考，这种功利化的心态在一定程度上削弱了思想政治教育的效果。二是经济环境也影响着大学生的消费观念和行为方式。在物质丰富的社会环境中，大学生的消费需求日益旺盛，消费观念也更加多元化。然而，由于缺乏正确的消费观念和理财知识，一些大学生陷入了过度消费和盲目攀比的误区，这不仅浪费了他们的经济资源，也影响了他们的学习和生活。

（二）文化环境对大学生的影响

文化环境是影响大学生思想观念和价值观念的重要因素，在多元文化交织的社会环境中，大学生面临着各种文化思潮和价值观念的冲击。一是网络文化对大学生的影响日益显著。随着互联网技术的普及和发展，网络文化已经成为大学生生活的重要组成部分。网络文化中的信息多元、价值多元的特点使大学生在获取信息、表达观点时更加自由灵活，然而，由于网络信息的复杂性和不确定性，一些大学生在受到不良信息的影响时容易迷失方向、产生困惑。二是西方文化的冲击也对大学生的价值观念产生了一定影响。在全球化背景下，西方文化通过各种渠道渗透到我国的社会生活中，对大学生的思想观念和价值观念产生了深刻影响。一些大学生在追求个性自由、物质享受的同时，也受到了拜金主义、享乐主义等消极价值观念的影响。

（三）社会环境对大学生行为的影响

社会环境对大学生的行为方式也产生了深刻影响，在复杂多变的社会环境中，大学生面临着各种挑战和诱惑，他们的行为选择往往受到社会环境的制约和影响。社会竞争的压力使大学生更加注重个人能力和素质的提升，在激烈的就业市场竞争中，大学生普遍感到竞争压力大。为了获得更好的就业机会和发展空间，他们更加注重个人能力和素质的提升，如参加各种培训、实习、社会实践等活动。这种积极向上的心态和行为方式有助于大学生的成长和发展，然而，社会环境中也存在一些消极因素，如功利主义、个人主义等价值观念的影响，使一些大学生在行为选择上出现了偏差。例如，一些大学生在追求个人利益的过程中忽视了集体利益和社会责任，在人际交往中缺乏诚信和友善的品质等，这些行为不仅影响了大学生自身的形象和声誉，也影响了社会的和谐稳定。

社会环境对大学生的影响是全方位的、深刻的，经济环境、文化环境和社会环境都在不同程度上影响着大学生的思想观念、价值观念和行为方式。因此，高校在思想政治教育中应充分考虑社会环境的影响，加强对社会环境的分析和引导，帮助大学生树立正确的思想观念、价值观念和行为观念。同时，高校还应加强对大学生行为的监管和引导，防止不良行为的发生和扩散，只有这样，才能培养出具有高尚品德、健全人格和强烈社会责任感的新时代大学生。

二、社会实践在思想政治教育中的作用

在高等教育体系中，思想政治教育不仅是理论知识的传授，更是实践能力的培养和价值观念的塑造，社会实践作为连接理论知识与现实生活的重要桥梁，在思想政治教育中发挥着不可或缺的作用。通过社会实践，学生能够亲身体验社会、了解社会，从而更深刻地理解思想政治理论，形成正确的世界观、人生观和价值观。下面将探讨社会实践在思想政治教育中的作用，以期为提高思想政治教育的实效性和针对性提供参考。

（一）社会实践有助于深化学生对思想政治理论的理解

传统的思想政治教育往往侧重于理论知识的传授，导致学生难以将理论知识与现实生活相结合，而社会实践为学生提供了一个亲身体验社会的机会，使他们在实践中感受社会现象、认识社会问题。通过社会实践，学生更加直观地理解思想政治理论中的抽象概念和原理，将理论知识转化为自己的理解和认识。例如，在参与志愿服务、社会调查等活动中，学生深入了解社会现状、感受社会变化，从而更加深刻地理解中国特色社会主义理论体系。此外，社会实践还能够激发学生的学习兴趣和动力，相比枯燥的课堂讲解，社会实践更加生动有趣、具有挑战性。学生通过亲身参与社会实践，能够感受到学习的乐趣和价值，从而更加主动地投入思想政治学习中。这种学习动力和兴趣的持续激发，将有助于学生形成持久的学习动力和良好的学习习惯。

（二）社会实践有助于培养学生的社会责任感和公民意识

在高等教育中，社会实践不仅是学生将理论知识与实际应用相结合的重要桥梁，更是培养他们社会责任感和公民意识的重要途径。一是社会实践使学生有机会直接接触社会，了解社会的运作机制和面临的问题。通过参与社区服务、公益活动等，学生能深刻感受到社会的需求和挑战，从而激发他们为社会做出贡献的愿望和动力。这种亲身体验让他们更加珍惜社会资源，关心社会进步，逐渐形成强烈的社会责任感。二是社会实践也是培养学生公民意识的重要渠道。在实践中，学生需要遵守社会规范，尊重他人的权益，学会与他人合作，共同完成任务，这些经历让学生意识到作为公民应该承担的责任和义务，学会如何与他人和平共处，共同维护社会的和谐稳定。三是社会实践还能够增强学生的自我认同感和归属感。通过参与社会实践活动，学生能够认识到自己的价值所在，感受到自己对社会的贡献和影响力，从而更加自信地面对未来的挑战。

（三）社会实践有助于促进学生的全面发展

社会实践作为高校教育的重要组成部分，不仅为学生提供了理论知识与实际相结合的机会，而且在促进学生的全面发展方面发挥着至关重要的作用。一是社会实践有助于提升学生的综合素质。通过参与各种实践活动，学生能够锻炼自己的实践能力、解决问题的能力及团队协作能力，这些能力在未来的职业生涯中至关重要。同时，社会实践还能培养学生的创新精神，让他们在实践中不断探索、尝试，形成自己的独特见解和创造力。二是社会实践有助于拓宽学生的视野和知识面。在参与社会实践的过程中，学生会接触到不同的人、事、物，这些经历将丰富他们的阅历和见识，拓宽他们的知识领域。通过与不同背景的人交流，学生能够了解不同的文化、观念和生活方式，从而更加理解和包容多元文化。此外，社会实践还有助于培养学生的道德品质和人格魅力。在实践活动中，学生需要遵守社会规范，尊重他人，学会感恩和付出，这些经历将让学生更加关注社会、关心他人，形成积极向上的人生态度和道德观念。同时，社会实践还能锻炼学生的意志品质和抗挫能力，让他们在面对困难和挑战时更加坚强和自信。

社会实践在思想政治教育中发挥着重要作用，它有助于深化学生对思想政治理论的理解、培养学生的社会责任感和公民意识，以及促进学生的全面发展。因此，高校应重视社会实践在思想政治教育中的运用，积极组织学生参与各种社会实践活动，提高他们的综合素质和能力水平。同时，高校还应加强与社会各界的联系和合作，共同营造良好的社会实践环境和氛围，为培养更多具有高尚品德、健全人格和强烈社会责任感的新时代大学生做出贡献。

三、加强社会实践活动的措施与建议

在当今社会，高校思想政治教育面临着前所未有的挑战和机遇，社会环境的变化对高校学生的思想观念、价值取向和行为方式产生了深刻影响。加强社会实践活动，让学生在实践中感受社会、认识社会、服务社会，成为高校思想政治教育的重要途径。下面将探讨加强社会实践活动的措施与建议，以期为高校思想政治教育提供有益的参考。

（一）构建完善的社会实践教育体系

构建完善的社会实践教育体系是加强社会实践活动的基础。一是高校应明确社会实践教育的目标和任务，将其纳入学校整体教学计划，确保社会实践教育的系统性和连贯性。二是高校应建立社会实践教育的管理机构，制订详细的社会实践教育计划和方案，确保社会实践教育的有序开展。同时，高校还应加强与社会各界的联系和合作，建立社会实践基地，为学生提供更多的实践机会和平台。

在实施社会实践教育过程中，高校应注重培养学生的实践能力和创新精神，通过组织学生参与社区服务、公益活动、实习实训等活动，让学生亲身体验社会、了解社会，提高他们的实践能力。同时，高校还应鼓励学生自主开展社会实践活动，培养他们的创新精神和团队协作能力。此外，高校还应建立社会实践教育的评估机制，对社会实践教育的效果进行评估和反馈。通过评估，高校了解社会实践教育的实际效果和存在的问题，及时调整和优化社会实践教育计划和方案，提高社会实践教育的质量和效果。

（二）加强社会实践教育的师资队伍建设

社会实践教育的质量很大程度上取决于师资队伍的素质和能力，因此加强社会实践教育的师资队伍建设是加强社会实践活动的重要保障，高校应加强对社会实践教育教师的培训和管理，提高他们的专业素质和实践能力。同时，高校还应积极引进具有丰富实践经验的专业人才，充实社会实践教育师资队伍。在社会实践教育过程中，教师应发挥引导和指导作用，关注学生的思想动态和心理变化，及时给予指导和帮助，同时教师还应注重培养学生的实践能力和创新精神，鼓励他们勇于探索、敢于创新。此外，高校还应建立社会实践教育的激励机制，鼓励教师积极参与社会实践教育，通过设立社会实践教育奖项、提高社会实践教育教师的待遇和地位等，激发教师参与社会实践教育的积极性和热情。

（三）创新社会实践教育的形式和内容

创新社会实践教育的形式和内容是加强社会实践活动的重要途径，高校应根据学生的需求和兴趣，设计丰富多彩、形式多样的社会实践活动。例如，组织学生参与社区服务、环保行动、科技创新等活动，让学生在实践中体验社会、了解社会。同时，高校还可利用现代信息技术手段，如互联网、大数据等，创新社会实践教育的形式和内容，提高社会实践教育的吸引力和实效性。在创新社会实践教育的过程中，高校应注重培养学生的综合素质和创新能力。高校通过设计具有挑战性的实践活动，让学生在实践中锻炼自己的意志品质和抗挫能力；同时，还应注重培养学生的团队合作能力和沟通能力，让他们在实践中学会与他人合作、共同完成任务。此外，高校还应注重将社会实践教育与专业教育相结合，通过组织学生参与自己专业相关的社会实践活动，让学生将所学专业知识应用于实践中，提高他们的专业能力和综合素质。这种将社会实践教育与专业教育相结合的做法，有助于培养学生的创新精神和实践能力，为他们未来的职业生涯和人生道路奠定坚实的基础。

　　加强社会实践活动是高校思想政治教育的重要途径，通过构建完善的社会实践教育体系、加强社会实践教育的师资队伍建设及创新社会实践教育的形式和内容等措施和建议的实施，有效地提高社会实践教育的质量和效果，促进学生的全面发展。同时，加强社会实践活动也有助于培养学生的社会责任感和公民意识，提高他们的综合素质和创新能力，为他们未来的职业生涯和人生道路奠定坚实的基础。因此，高校应高度重视社会实践活动的作用，加强社会实践教育的投入和管理，确保社会实践教育的有效实施和持续发展。

四、发挥社会资源在思想政治教育中的作用

　　随着社会的快速发展和变迁，高校思想政治教育面临着新的机遇和挑战，社会资源作为社会发展的重要支撑，在思想政治教育中发挥着不可或缺的作用。充分利用和发挥社会资源，不仅能够丰富思想政治教育的内容和形式，还能提高思想政治教育的针对性和实效性。下面将探讨如何发挥社会资源在思想政治教育中的作用，以期为高校思想政治教育提供新的思路和方向。

（一）社会资源是思想政治教育的重要支撑

　　社会资源包括物质资源、文化资源和人力资源等方面，这些资源为思想政治教育提供了重要的支撑。一是物质资源是思想政治教育的基础。高校通过与社会企业、机构等合作，获取必要的物质资源，如教学设备、实践基地等，为思想政治教育提供必要的物质保障。二是文化资源是思想政治教育的重要载体。社会资源中的文化元素，如传统文化、社会风尚等，为思想政治教育提供丰富的素材和案例，使思想政治教育更加生动、具体。三是人力资源是思想政治教育的关键。社会资源中的人才资源，如专家学者、社会名流等，为思想政治教育提供宝贵的师资力量和智力支持。

　　为了充分发挥社会资源在思想政治教育中的作用，高校应加强与社会的联系和合作，积极争取社会资源的支持和帮助。同时，高校还应注重培养学生的社会责任感和公民意识，引导他们积极参与社会实践活动，体验社会、了解社会，从而更加深入地理解社会资源的价值和意义。

（二）整合社会资源，丰富思想政治教育的内容和形式

社会资源具有多样性、丰富性和时效性的特点，为思想政治教育提供了丰富的内容和形式，高校应积极探索和整合社会资源，将其融入思想政治教育中，使思想政治教育更加贴近实际、贴近生活、贴近学生。例如，高校邀请社会名流、专家学者来校开设讲座、报告等，为学生传授前沿知识、分享社会经验；组织学生参与社区服务、公益活动等，让学生在实践中感受社会、了解社会；利用网络资源、社交媒体等现代技术手段，拓展思想政治教育的空间和渠道。在整合社会资源的过程中，高校应注重资源的筛选和整合，确保资源的真实性和有效性，同时高校还应注重资源的更新和补充，及时跟进社会发展和时代变化，使思想政治教育始终保持与时俱进的状态。

（三）利用社会资源，提高思想政治教育的针对性和实效性

在当今社会，高校思想政治教育面临着多样化的挑战和需求，而社会资源作为一股强大的外部力量，对于提高思想政治教育的针对性和实效性具有重要意义。

一是社会资源具有丰富性和多样性的特点，这为思想政治教育提供了广阔的空间和平台。通过整合各类社会资源，如企事业单位、社区组织、文化机构等，高校为学生提供更多元化、更贴近实际的学习和实践机会。这些资源不仅能够丰富教育内容，还能使学生更加直观地了解社会现实，增强他们的社会责任感和使命感。

二是利用社会资源提高思想政治教育的针对性和实效性。不同的社会资源具有不同的特点和优势，高校根据学生的专业背景、兴趣爱好和职业规划等个体差异，有针对性地选择和利用社会资源。例如，对于希望从事社会服务工作的学生，高校组织他们参与社区服务、公益活动等，通过实践体验培养他们的服务意识和奉献精神；对于有志于创新创业的学生，高校邀请企业家、创业导师等来校开设讲座、分享经验，激发他们的创业热情和创新能力。

三是利用社会资源加强思想政治教育的实践性和互动性。通过组织社会实践、志愿服务等活动，学生将所学知识运用到实际中，解决现实问题、锻炼实践能力。同时，这些活动还能够增强学生的团队协作能力和沟通能力，培养他们的团队合作精神和集体荣誉感。

社会资源在思想政治教育中发挥着重要的作用，通过整合社会资源、丰富思想政治教育的内容和形式及利用社会资源提高思想政治教育的针对性和实效性等措施的实施，有效地提高思想政治教育的质量和效果。同时，发挥社会资源在思想政治教育中的作用，还有助于培养学生的社会责任感和公民意识，提高他们的综合素质和能力。因此，高校应高度重视社会资源的价值和作用，积极探索和整合社会资源为思想政治教育提供有力的支持和保障。在未来的发展中，高校应继续加强与社会各界的联系和合作，不断挖掘和利用社会资源，推动思想政治教育工作的创新和发展。

第四节　家庭环境与思想政治教育

一、家庭环境对大学生的影响

家庭作为大学生成长的首个社会单元，其环境对大学生的思想观念、行为习惯和价值取向等方面有着深远的影响。随着社会的快速发展和变迁，家庭环境也在不断地变化，这些变化如何影响大学生的成长和发展，成为高校思想政治教育必须面对的重要课题。下面将详细探讨家庭环境对大学生的影响，以期为高校思想政治教育提供有针对性的策略和建议。

（一）家庭环境对大学生思想观念的影响

家庭环境是大学生思想观念形成的重要场所，在家庭中，父母及其他家庭成员的言行举止、价值观念、宗教信仰等都会潜移默化地影响大学生的思想观念。一个充满爱、尊重和包容的家庭环境，有助于培养大学生积极向上、乐观开朗的性格和正确的价值观念；而一个缺乏关爱、充满矛盾与冲突的家庭环境，易导致大学生形成消极、悲观甚至扭曲的思想观念。

（二）家庭环境对大学生行为习惯的影响

家庭环境对大学生行为习惯的影响同样不可忽视，在家庭中，父母及其他家庭成员的行为举止、生活习惯、教育方式等都会成为大学生模仿的榜样。一个注重规范、强调自律的家庭环境，有助于培养大学生养成良好的行为习惯和自律意识；而一个放任自流、缺乏约束的家庭环境，则易导致大学生形成散漫、懒惰等不良习惯。为了优化家庭环境对大学生行为习惯的影响，高校思想政治教育应加强对学生的行为规范和自律意识的培养，通过开设相关课程、举办讲座和实践活动等方式，引导大学生树立正确的行为观念，培养良好的行为习惯。同时，高校还应关注学生的家庭环境和家庭教育方式，对于存在问题的家庭，应提供必要的帮助和指导。

（三）家庭环境对大学生价值取向的影响

家庭环境对大学生价值取向的影响至关重要，在家庭中父母及其他家庭成员的价值观念、道德观念、职业观念等都会成为大学生价值观形成的重要参考。一个注重道德、尊重劳动、崇尚科学的家庭环境，有助于培养大学生正确的价值取向和人生目标；而一个缺乏道德观念、忽视劳动价值、盲目追求物质享受的家庭环境，则易导致大学生形成扭曲的价值观。为了促进家庭环境对大学生价值取向的积极影响，高校思想政治教育应加强对学生的价值观教育和引导，通过开设相关课程、举办主题班会、组织社会实践活动等，引导学生树立正确的价值观，明确自己的人生目标和追求。同时，高校还应关注学生的家庭环境和家庭教育方式，对于存在问题的家庭，应提供必要的帮助和指导，引导他们树立正确的教育观念和价值观。

家庭环境对大学生的影响是全方位的、深远的，为了优化家庭环境对大学生的影响，高校思想政治教育应加强与家庭教育的联系和沟通，了解学生的家庭背景和心理状态，及时发现问题并提供帮助和支持。同时，高校还应加强对学生的行为规范和自律意识的培养，引导学生树立正确的价值观念和人生目标。通过这些措施的实施，最大限度地发挥家庭环境在大学生成长和发展中的积极作用，为高校思想政治教育提供有力的支持。

二、家校合作在思想政治教育中的作用

在当今社会，家庭和学校作为大学生成长过程中的两大重要环境，对大学生的思想政治教育具有不可忽视的影响。家庭环境为大学生提供了情感支持和道德熏陶，而学校则负责系统地传授知识和技能，塑造大学生的价值观念。然而，家

庭和学校在思想政治教育中往往存在脱节现象，导致教育效果不佳。因此，加强家校合作，共同推进思想政治教育，成为当前高校教育的重要任务。下面将详细探讨家校合作在思想政治教育中的作用，以期为高校教育提供有益的启示。

（一）家校合作促进教育信息的有效沟通

家校合作能够加强家庭和学校之间的信息沟通，使双方能够及时了解学生的成长状况和需求。家长可通过参与学校组织的家长会、家长开放日等活动，了解学生在学校的表现和学习情况，同时向学校反馈学生在家庭中的表现和需求。学校则通过这些渠道向家长传达教育理念、教学计划和学校文化等信息，使家长更好地理解学校的教育目标和要求。这种有效的信息沟通有助于家庭和学校在教育理念和方法上达成一致，共同为学生的成长和发展提供支持。为了加强家校合作中的信息沟通，高校需要采取多种措施。例如，建立家校沟通平台，利用现代信息技术手段实现信息的快速传递和共享；加强班主任和辅导员与家长的沟通联系，定期向家长反馈学生的学习和生活情况；鼓励家长参与学校的教育活动，如家长志愿者、家长讲师等，让家长更深入地了解学校的教育工作。

（二）家校合作形成教育合力，增强教育效果

家校合作能够形成教育合力，使家庭和学校在教育过程中相互补充、相互促进，家庭环境注重情感支持和道德熏陶，而学校则注重知识和技能的培养。通过家校合作，家庭弥补学校在情感教育和道德教育方面的不足，而学校则借助家庭的力量加强对学生的管理和监督。这种教育合力有助于提高学生的综合素质和能力水平，为学生的成长和发展奠定坚实的基础，为了形成教育合力，高校需要加强与家庭的合作。例如，制定家校合作计划，明确双方在教育过程中的职责和任务；加强家庭教育的指导，帮助家长树立正确的教育观念和方法；鼓励家长参与学校的教育活动，如家长课堂、家庭教育讲座等，提高家长的教育素养和能力。

（三）家校合作有助于培养学生的综合素质

家校合作不仅有助于提高学生的学业成绩，还有助于培养学生的综合素质，家庭和学校作为两个不同的教育环境，各自具有独特的教育资源和优势。通过家校合作，充分利用这些资源和优势，为学生提供更加全面、多元的教育体验。例

如，家庭为学生提供丰富的社会实践机会和情感体验，而学校则为学生提供系统的知识学习和技能培训。这种全面、多元的教育体验有助于培养学生的创新精神、实践能力、团队协作能力等综合素质，为了培养学生的综合素质，高校需要加强与家庭的合作。例如，开展家校共育活动，如社会实践、志愿服务等，让学生在实践中锻炼自己的能力和素质；加强对学生综合素质的评价和反馈，帮助学生认识自己的优势和不足，制定个性化的发展计划；加强与社会的联系和合作，为学生提供更广阔的实践平台和发展空间。

家校合作在思想政治教育中具有重要作用，通过加强家校之间的信息沟通、形成教育合力、培养学生的综合素质等措施，充分发挥家庭和学校各自的优势，共同推进思想政治教育工作。这种合作模式不仅有助于提高学生的学业成绩和综合素质，还有助于培养学生的社会责任感和公民意识。因此，高校应该加大家校合作的推进和实施力度，为学生的成长和发展创造更加有利的环境和条件。同时，家长也应该积极参与家校合作，与学校共同承担起教育孩子的责任和义务。

三、加强家校合作的措施与建议

随着社会的快速发展和教育改革的不断深入，家校合作在高校思想政治教育中的重要性日益凸显。家庭作为大学生成长的首要场所，其环境对大学生的思想观念、行为习惯及价值观形成具有深远影响，而学校作为专门的教育机构，在大学生思想政治教育中发挥着主导作用。因此，加强家校合作，实现家庭教育和学校教育的有效衔接，对于提高大学生思想政治教育的实效性具有重要意义。下面将深入探讨加强家校合作的措施与建议，以期为高校思想政治教育的优化提供有益的借鉴。

（一）建立有效的家校沟通机制

在高校思想政治教育中，建立有效的家校沟通机制是至关重要的一环。这种机制不仅有助于增强家长对学校教育工作的理解和支持，还能促进学校对家庭教育环境的深入了解，从而更好地满足学生的个性化需求。一是高校应设立专门的家校沟通部门或平台。例如，家校联络办公室或线上家校互动平台，这些机构或平台负责收集、整理家长反馈的信息，及时回应家长的关切，成为家校之间沟通的桥梁。二是高校应定期举办家长会或家长开放日活动。通过这些活动，家长走进校园，了解学校的教育教学情况，与教师面对面交流，共同探讨学生的成长问题。同时，学校也借此机会向家长展示学校的办学理念和成果，增强家长对学校的信任和支持。三是利用现代信息技术手段也是建立有效家校沟通机制的重要途径。高校建立家长微信群、QQ群等线上交流平台，方便家长随时了解学生的学习和生活情况，与教师即时沟通。这种沟通方式具有便捷、高效的特点，能够极大地提高家校沟通的效率和效果。

（二）共同制定学生培养计划

在高校教育中，共同制订学生培养计划是加强家校合作、促进学生全面发展的重要举措。这一计划旨在结合学校和家庭的优势资源，根据学生的个体差异和发展需求，为其量身定制成长方案。一是高校应主动与家长沟通，了解学生的家庭背景、兴趣爱好、特长及职业规划等信息，同时学校也应向家长介绍学校的教育目标、教学计划及课程设置，以便家长更好地了解学校的教育理念和要求。二是在充分沟通的基础上，学校与家长应共同商讨制订学生培养计划。这一计划应涵盖学生的学习目标、课程选择、实践锻炼、能力提升等方面，确保学生能够在家庭和学校的共同培养下全面发展。在制定计划的过程中，学校应充分发挥主导作用，提供专业性的指导和建议。同时，家长也应积极参与其中，结合家庭实际情况和孩子的个性特点，提出合理的意见和建议，双方应充分协商、达成共识，确保计划的科学性和可行性。三是学校应定期对学生培养计划进行评估和调整，根据学生的实际表现和发展需要，及时对计划进行修订和完善，确保其始终符合学生的成长需求。同时，学校也应加强与家长的沟通联系，及时将学生的进步和成就反馈给家长，增强家长的信任和支持。

（三）加强家庭教育的指导与支持

在高校思想政治教育中，加强家庭教育的指导与支持对于促进学生健康成长具有重要意义，家庭作为学生的首要成长环境，其教育质量直接关系到学生的综合素质。为了加强家庭教育的指导与支持，高校应采取如下多种措施。一是开设家庭教育讲座或课程，邀请专家学者为家长传授科学的教育理念和方法，帮助家长树立正确的教育观念，提高家庭教育质量。二是建立家庭教育咨询平台，为家长提供个性化的咨询和指导服务，解答家长在家庭教育过程中遇到的问题。同时，学校也积极与家庭保持密切联系，及时关注学生的学习和生活状态，向家长提供有关学生成长的反馈和建议。三是高校还应鼓励家长参与学校的教育活动，如家长志愿者、家长讲师等，让家长更深入地了解学校的教育工作，增进家校之间的信任和理解。

加强家校合作是高校思想政治教育中不可或缺的一环，通过建立有效的家校沟通机制、共同制订学生培养计划及加强家庭教育的指导与支持等措施，实现家庭教育和学校教育的有效衔接和融合。这不仅有助于提高大学生思想政治教育的实效性，还有助于培养学生的综合素质和社会责任感。因此，高校应该高度重视家校合作工作，不断探索和创新合作模式和方法，为学生的成长和发展创造更加有利的环境和条件。同时，家长也应该积极参与家校合作工作，与学校共同承担起教育孩子的责任和义务。

四、发挥家庭在思想政治教育中的作用

家庭作为社会的基本细胞，不仅是学生成长的摇篮，更是学生思想观念形成的重要场所，在高校思想政治教育中，家庭环境及其教育作用不容忽视。家庭环境的好坏、家庭成员的言传身教，都会对学生的思想观念、道德品质和行为习惯产生深远影响。因此，探讨如何发挥家庭在思想政治教育中的作用，对于提高高校思想政治教育的实效性和针对性具有重要意义。

（一）家庭环境对学生思想政治教育的影响

家庭环境作为学生成长的首要场所，对学生思想政治教育的影响深远而持久。一是家庭氛围的和谐与否直接关系到学生的心理健康和人格发展，在充满爱与尊重的家庭环境中，学生更容易形成积极向上的价值观和道德观念。二是家庭成员的言行举止和言传身教会对学生产生潜移默化的影响，父母作为孩子的第一任教育者，他们的价值观念、行为习惯及对待社会的态度都会成为孩子模仿的榜样。三是家庭的经济状况、文化背景等因素也会对学生的思想政治教育产生一定影响，因此优化家庭环境，营造良好的家庭氛围，对于加强学生的思想政治教育具有重要意义。高校应重视家庭环境对学生思想政治教育的影响，加强与家庭的沟通和合作，共同促进学生的全面发展。

（二）家庭教育与学校思想政治教育的协同作用

家庭教育与学校思想政治教育在学生的成长过程中各自扮演着不可或缺的角色，二者之间的协同作用至关重要。家庭教育侧重于情感教育和品格塑造，通过日常生活中的点滴细节传递家庭价值观和社会道德准则。而学校思想政治教育则更侧重于系统性的政治理论教育和思想引导，帮助学生树立正确的世界观、人生观和价值观。家庭教育与学校思想政治教育的协同作用，能够形成教育合力，提高思想政治教育的实效性。家长积极参与学校的思想政治教育活动，了解学校的教育目标和要求，与学校共同商讨教育策略。同时，学校也加强与家庭的沟通联系，及时反馈学生的在校表现和思想动态，为家庭教育提供指导和支持。这种协同作用不仅有助于学生的全面发展，还能够增强家庭与学校之间的信任和合作，共同为学生的成长创造良好的环境。

（三）提升家长在思想政治教育中的参与度和能力

提升家长在思想政治教育中的参与度和能力，是加强家校合作、提升教育效果的关键一环。家长作为学生成长过程中的重要引导者，其言谈举止和教育方式对学生的思想观念、道德品质有着深远影响。一是学校应加强对家长的思想政治教育指导，帮助他们理解并认同学校的教育理念，增强他们参与思想政治教育的意识。二是通过定期举办家长教育讲座、分享会等活动，为家长提供系统的思想政治教育知识和方法，提升他们的教育能力。同时，学校还可建立家长志愿者队伍，鼓励家长积极参与学校组织的各类教育活动，如社会实践、志愿服务等，让学生在实际行动中感受思想政治教育的力量。提升家长在思想政治教育中的参与度和能力，不仅能够增强家庭教育的针对性和实效性，还能够促进家校之间的合作，共同为学生的健康成长和全面发展创造良好的环境。

家庭在思想政治教育中发挥着不可替代的作用，优化家庭环境、加强家庭教育与学校思想政治教育的协同作用、提升家长在思想政治教育中的参与度和能力，是发挥家庭在思想政治教育中作用的重要途径。高校应高度重视家庭在思想政治教育中的作用，积极探索和创新家庭与学校的合作模式和方法，为学生的全面发展和成长创造更加有利的环境和条件。同时，家长也应积极参与家庭教育和学校教育活动，与学校共同承担教育孩子的责任和义务。

第六章　高校思想政治教育的评估与持续发展

第一节　思想政治教育评估体系构建

一、评估体系的重要性与必要性

在当今社会，高校作为培养未来社会主义建设者和接班人的重要基地，其思想政治教育的质量直接关系到国家的长治久安和民族的未来。因此，构建科学、合理的思想政治教育评估体系，对于提升高校思想政治教育的质量，推动其持续发展具有重要意义。

（一）评估体系是保障思想政治教育质量的必要手段

高校思想政治教育评估体系是一个综合性的系统，它通过制定一系列细致、全面的评估标准、指标和方法，对思想政治教育的过程、效果进行深入的量化或质化评价。这一体系的建立，不仅为高校思想政治教育工作的顺利进行提供了重要保障，更为提升教育质量、推动教育改革发展奠定了坚实基础。一是高校思想政治教育评估体系能够确保教育目标的达成。在评估体系中，教育者会设定明确的评估指标，对教育过程进行实时监控，这些指标不仅涵盖了教育内容、方法和手段，更与教育目标紧密相连。通过这一体系，教育者确保教育内容、方法和手段始终与教育目标保持一致，从而确保教育目标的顺利实现。[1]二是评估体系能够推动教育资源的优化配置。在评估过程中，教育者会深入分析评估结果，了解各种教育资源在思想政治教育中的使用情况，通过分析，教育者能够更加清晰地

---

[1] Ma Y ,Xiangang H . Strategies of Infiltrating Psychological Fitness Education Into Ideological and Political Education [J]. International Journal of Web-Based Learning and Teaching Technologies (IJWLTT), 2024, 19 (1): 1-16.

认识到哪些资源是有效的，哪些资源需要调整或增加。根据实际需要，教育者调整资源投入，实现资源的最大化利用，为教育工作的顺利进行提供有力保障。

（二）评估体系有助于提升思想政治教育的针对性和实效性

高校思想政治教育评估体系在追求教育过程规范性的同时，更着重强调教育效果的实效性，这一体系通过构建全面、科学的评估框架，旨在更准确地把握学生的思想动态和成长需求，从而制订更加贴近学生实际的教育内容和方案。一是评估体系能够深入关注学生的个体差异。每个学生都是独一无二的，他们拥有不同的兴趣、特长、背景和发展潜力，通过对学生个体差异的细致评估，能够更加精准地了解每个学生的特点和需求，为他们提供个性化的教育服务。这种个性化的教育不仅能够激发学生的学习兴趣和动力，还能更好地满足他们的成长需求，帮助他们实现自我价值的最大化。[①] 二是评估体系注重学生的全面发展。学生的成长不仅局限于学术成绩，更包括思想政治、道德伦理、文化素养等方面的综合素质，通过对学生综合素质的评估，能够全面了解学生在各个方面的表现，从而为他们提供更加全面的教育指导。这种全面的教育能够帮助学生形成健全的人格，培养他们的社会责任感、创新精神和团队协作能力，为他们未来的职业发展和社会适应能力奠定坚实基础。三是评估体系关注学生的实践能力。理论知识的学习固然重要，但实践能力的培养同样不可忽视。

（三）评估体系是推动高校思想政治教育持续发展的动力源泉

高校思想政治教育评估体系不仅是对过去工作的总结和评价，更是对未来工作的规划和指导，通过构建科学、合理的评估体系，为高校思想政治教育的持续发展提供源源不断的动力。一是评估体系能够激励教育工作者不断创新。通过评估结果的反馈和奖励机制的建立，激励教育工作者不断探索新的教育方法和手段，推动思想政治教育的不断创新和发展。二是评估体系能够引导教育资源向优质教育倾斜。通过评估结果的分析和比较，了解不同高校、不同专业在思想政治教育方面的优势和劣势，从而引导教育资源向优质教育倾斜，实现教育资源的优化配置。三是评估体系能够提升高校思想政治教育的社会影响力。通过定期发布

① Li M . Intelligent Platform of Ideological and Political Education Resources under Digital Education Environment [J]. Advances in Educational Technology and Psychology, 2024, 8 (1): 15-22.

评估结果和优秀案例的推广，让更多的人了解高校思想政治教育的成果和贡献，从而提升其社会影响力和认可度。

二、构建全面科学的评估指标体系

在高校思想政治教育的评估过程中，评估指标体系的建立是核心环节，一个全面、科学的评估指标体系，不仅能够准确反映思想政治教育的实际成效，还能为教育的持续优化和发展提供有力的数据支持。下面将详细探讨如何构建全面科学的思想政治教育评估指标体系。

（一）评估指标体系的全面性

全面性作为高校思想政治教育评估体系的核心要素，其重要性不言而喻，它指的是评估指标体系需要全面覆盖思想政治教育的各个方面，确保评估结果无死角、不偏不倚。在构建全面性的评估指标体系时，需要从多个维度出发，确保每个方面都得到充分的关注。一是指标体系应包括思想政治教育的目标设置、内容安排、教学方法、师资队伍、学生表现等方面。目标设置是评估的起点，它指引着整个教育过程的方向；内容安排则是教育的核心，它决定了学生将学到什么；教学方法则是教育过程中的重要环节，它影响着学生的学习效果；师资队伍则是教育的关键，他们的素质和能力直接关系到教育的质量；而学生表现则是教育效果的直接体现。二是每个方面又需要细化为更具体的指标。例如，在目标设置方面，需要评估目标是否明确、具体、可衡量；在内容安排方面，需要评估内容是否科学、系统、贴近学生实际；在教学方法方面，需要评估方法是否多样、灵活、有效；在师资队伍方面，需要评估教师是否具备专业素养、教育教学能力、师德师风等；在学生表现方面，需要评估学生是否积极参与、理解掌握、运用实践等。

（二）评估指标体系的科学性

科学性是构建高校思想政治教育评估指标体系不可或缺的原则，它要求评估体系必须严格遵循教育规律和学科特点，确保能够真实、准确地反映思想政治教育的实际成效。指标体系的构建应基于科学的理论和方法，需要运用教育学、心理学、社会学等相关学科的理论和方法来指导进行指标的设计和分析。这些学科的理论和方法提供了丰富的视角和工具，使教育工作者能够更全面地理解思想政治教育的内涵和特点，从而设计出更加科学合理的评估指标。指标体系应注重量化分析和质化分析相结合。量化分析能够提供直观的数据支持，帮助了解思想政治教育的总体情况。但数据背后的质化含义同样重要，它揭示了数据背后的深层原因和机制。因此，需要将量化分析和质化分析相结合，既要关注数据的量化表现，也要深入挖掘数据背后的质化含义。

在构建科学性的评估指标体系时，还需要注意以下两点：一是要遵循科学的研究方法和原则。需要遵循实证主义、客观主义等科学原则，确保评估过程的科学性和严谨性，同时还需要运用科学的研究方法，如问卷调查、访谈、观察等，来收集和处理数据。二是要注重数据的收集和处理，需要确保数据的真实性和准确性，避免数据的失真和误导，同时还需要对数据进行合理的处理和分析，以提取出有价值的信息。[1]

（三）评估指标体系的可操作性

可操作性是指评估指标体系需要具有可测量、可比较、可操作的特点，能够方便地进行数据的收集、整理和分析。一是指标体系应该具有明确的测量标准和方法，能够方便地进行数据的收集和整理。二是指标体系应该具有可比较性，能够方便地进行不同高校、不同专业之间的比较和分析。三是指标体系应该具有可操作性，能够方便地进行数据的分析和解读，为教育的持续优化和发展提供具体的建议和指导。[2]

构建全面科学的评估指标体系是高校思想政治教育评估的关键环节，通过构建全面性的评估指标体系，更加全面地了解思想政治教育的实施情况；通过构建科学性的评估指标体系，更加准确地评估思想政治教育的实际成效；通过构建可操作性的评估指标体系，更加方便地进行数据的收集、整理和分析。因此，应该高度重视评估指标体系的构建工作，确保评估指标体系的全面性、科学性和可操作性，为高校思想政治教育的持续优化和发展提供有力的数据支持，同时，还需要不断完善和优化评估指标体系，以适应时代的发展和教育的需求。

---

① Zheng G . Construction of Ideological and Political Education in Universities Based on Intelligent Digital Education [J]. Advances in Educational Technology and Psychology, 2024, 8 (1): 123–130.

② Xia X . Exploration on the path of ideological and political education and cultural education in colleges and universities from the perspective of red culture [J]. Applied Mathematics and Nonlinear Sciences, 2024, 9 (1): 45–53.

三、明确评估的主体与客体

在构建高校思想政治教育评估体系的过程中，明确评估的主体与客体是至关重要的一环。评估主体即评估的执行者，是评估活动的主体力量，而评估客体则是评估的对象，即被评估的思想政治教育活动及其效果。准确界定评估的主体与客体，不仅有助于确保评估活动的顺利进行，还能有效保障评估结果的客观性和公正性。

（一）明确评估主体的多元性与专业性

在高校思想政治教育评估中，评估主体的选择与运用对于确保评估结果的全面性、客观性和专业性至关重要。评估主体所展现的多元性和专业性，不仅体现了评估工作的严谨性，也确保了评估结果的有效性和可信度。一是评估主体的多元性体现在其构成的多样性上，这包括学校内部的评估机构、专家团队、教师代表和学生代表等，同时也涵盖了外部的政府教育部门、社会评价机构等。每个评估主体都有其独特的视角和侧重点，能够从不同的角度和层面对思想政治教育活动进行深入评估。例如，学校内部的评估机构更侧重于教育过程的规范性和系统性，而外部的社会评价机构则更关注教育活动的社会影响力和实际成效，这种多元性的评估主体构成，有助于确保评估结果的全面性和客观性。二是评估主体的专业性是其另一个重要特点，评估主体需要具备相应的专业知识和技能，能够对思想政治教育活动进行深入地剖析和评价。例如，评估专家需要具备丰富的教育评估经验和专业知识，能够准确判断教育活动的质量和效果；教师代表则需要了解教学活动的实际情况，能够从教学实践的角度提出宝贵的意见和建议。这种专业性的要求，确保了评估结果的科学性和准确性。

（二）明确评估客体的全面性与具体性

在高校思想政治教育评估中，评估客体包括思想政治教育的目标、内容、方法、效果等方面，这些方面都是评估的重要对象，需要进行全面而具体的评估。一是评估客体的全面性要求对思想政治教育的各个方面进行综合考虑，确保评估的全面性和系统性。例如，在评估目标时，需要考虑目标的科学性、合理性和可行性；在评估内容时，需要考虑内容的丰富性、时代性和针对性；在评估方法时，需要考虑方法的多样性、灵活性和有效性；在评估效果时，需要考虑效果的显著性、持久性和广泛性等。[1]二是评估客体的具体性要求对思想政治教育的各个方面进行具体而深入的评估。例如，在评估教学方法时，需要具体考察教师的教学方法是否符合教育规律和学科特点，是否能够激发学生的学习兴趣和积极性；在评估效果时，需要具体考查学生的思想政治素质是否得到提升，是否能够将所学知识运用到实践中等。为了确保评估客体的全面性和具体性，需要建立完善的评估指标体系和评估方法。通过制定明确的评估指标和评估标准，确保评估的针对性和可操作性；同时采用多种评估方法和技术手段，如问卷调查、访谈、观察等，确保评估的全面性和深入性。

（三）实现评估主体与客体的有效互动

在高校思想政治教育评估中，评估主体与客体之间的互动关系对于评估活动的顺利进行和评估结果的客观公正具有重要影响，因此，需要实现评估主体与客体的有效互动。一是评估主体需要深入了解评估客体的实际情况，包括教育活动的目标、内容、方法、效果等方面。通过深入了解客体的实际情况，评估主体能够更准确地把握评估的重点和难点，提出更有针对性的评估意见和建议。二是评估客体需要积极配合评估主体的评估工作，提供真实、准确、全面的信息资料。通过积极配合评估主体的评估工作，评估客体能够更全面地展示自己的教育成果和特色，为评估主体提供更有价值的参考信息。

明确评估的主体与客体是构建高校思想政治教育评估体系的重要环节，通过明确评估主体的多元性与专业性、评估客体的全面性与具体性及实现评估主体与客体的有效互动，能够确保评估活动的顺利进行和评估结果的客观公正。这不仅有助于提升高校思想政治教育的质量和效果，还能为教育的持续发展提供有力的保障。因此，需要高度重视评估主体与客体明确的界定工作，不断完善和优化评估体系的建设。

四、确保评估过程的公正性与客观性

在构建高校思想政治教育评估体系的过程中，确保评估过程的公正性与客观性是一项至关重要的任务。公正性是指评估过程中应遵循公平、公正的原则，不

---

[1] Li C ,Zhang G ,Peng S , et al.　A New Inquiry into the Ideological and Political Education of College Students in the Context of Free Trade Port [J]. Applied Mathematics and Nonlinear Sciences, 2024, 9 (1): 60−68.

偏袒任何一方，确保评估结果的真实可信；客观性则要求评估过程基于事实和数据，避免主观臆断和偏见。只有确保评估过程的公正性与客观性，才能为高校思想政治教育的持续发展提供有力的保障。

（一）建立严格的评估标准和程序

为确保高校思想政治教育评估过程的公正性与客观性，必须从评估标准和程序两方面入手，构建一套严谨、科学的评估体系。

一是评估标准的制定至关重要。这些标准应当明确具体、可操作性强，能够全面反映思想政治教育的质量和效果。在制定评估标准的过程中，需要充分考虑高校思想政治教育的特点和要求，结合国家相关政策和法规，确保评估目标与高校的教育目标相一致。评估标准应具有可量化、可比较的特点，这样不仅能对不同高校、不同专业的思想政治教育进行横向比较，还能对同一高校不同时期的思想政治教育进行纵向分析，从而更加准确地把握教育质量的提升和下降情况。

二是评估程序的规范性和公正性同样不容忽视。评估过程应公开透明、规范有序，确保评估活动的每一个环节都能得到严格、公正的对待。在评估过程中，需要明确各个环节的责任主体和职责要求，确保每个环节都有专人负责，避免出现责任不清、推诿扯皮的情况，同时应建立严格的监督机制，对评估过程进行全程跟踪和监控，确保评估活动的公正性和客观性不受任何外部因素的干扰。

三是应注重评估结果的反馈和应用。评估结果不仅是对高校思想政治教育质量的一次全面检查，更是推动教育质量提升的重要依据。

（二）加强评估人员的培训和管理

为确保高校思想政治教育评估过程的公正性与客观性，不仅需要制定严格的评估标准和程序，还需要高度重视评估人员的素质和能力。评估人员的专业素质和职业道德直接关系到评估结果的公正性和客观性，因此，加强评估人员的培训和管理尤为重要。

一是加强对评估人员的专业素质和职业道德的培训至关重要。评估人员作为评估工作的主体，应具备扎实的专业知识和丰富的实践经验，他们应能够准确理解评估标准和程序要求，熟练掌握评估方法和技巧，从而确保评估工作的科学性和准确性。同时，评估人员还应具备良好的职业道德和操守，坚守公正、客观、独立的评估原则，不受任何外部因素的影响和干扰，确保评估结果的公正性和客观性。

二是建立严格的评估人员选拔和考核机制是确保评估人员素质和能力的重要保障，应通过公开选拔、竞争上岗等方式，选拔具备高素质和高能力的评估人员。在选拔过程中，应注重考查评估人员的专业知识、实践经验、职业道德等方面的综合素质，同时建立考核机制，对评估人员进行定期考核和评价，确保评估人员的素质和能力符合评估工作的要求。对于表现优秀的评估人员，应给予表彰和奖励；对于表现不佳的评估人员，则应及时进行调整和更换。

（三）引入第三方评估机制

为确保评估过程的公正性与客观性，不仅需要制定严格的评估标准和程序，还需要引入第三方评估机制作为独立的评估主体，对高校思想政治教育进行客观、公正的评估。

一是在选择第三方评估机构时，必须确保其具备良好的信誉和专业的评估能力。这样的机构通常拥有丰富的评估经验和专业的评估团队，能够准确理解评估标准和程序要求，便于对高校思想政治教育进行全面、深入地评估。通过与这样的机构合作，确保评估结果的客观性和公正性，避免主观偏见和利益干扰。

二是需要明确第三方评估机构的职责和权限。第三方评估机构应依据评估标准和程序要求，对高校思想政治教育进行全方位、多角度的评估，并提出具体的评估意见和建议。同时，应确保第三方评估机构在评估过程中保持独立性，不受任何利益干扰和影响，以确保评估结果的公正性和客观性。为了保障第三方评估机构的独立性和公正性，应建立严格的监督机制。这包括对评估过程的全程跟踪和监控，以及对评估结果的审核和验证。如果发现评估机构存在不公正、不客观的行为，应依法依规追究其责任，并采取相应的惩罚措施。

三是应建立第三方评估结果公示和反馈机制。第三方评估机构应将评估结果及时向高校和社会公众公示，接受社会各界的监督和评价。同时，高校应根据评估结果及时进行改进和调整，确保思想政治教育的质量和效果得到持续提升。这样的反馈机制不仅能够促进高校思想政治教育工作的改进，还能够增强社会公众对评估工作的信任和支持。

确保评估过程的公正性与客观性是构建高校思想政治教育评估体系的重要任

务。通过建立严格的评估标准和程序、加强评估人员的培训和管理及引入第三方评估机制等措施，可有效保障评估过程的公正性和客观性。这不仅有助于提升高校思想政治教育的质量和效果，还能为教育的持续发展提供有力保障。因此，应高度重视评估过程的公正性与客观性建设，不断完善和优化评估体系的建设。同时也应认识到评估过程是一个不断改进和完善的过程，需要不断总结经验教训，及时调整和完善评估策略和方法，以确保评估结果的准确性和有效性。

第二节　思想政治教育评估的实践应用

一、定期开展思想政治教育评估工作

在高校思想政治教育工作中，评估作为检验教育效果、指导教育方向的重要手段，其实践应用显得尤为关键。定期开展思想政治教育评估工作，不仅有助于了解教育现状，还能及时发现问题、调整策略，促进思想政治教育的持续优化与发展。下面将深入探讨定期开展思想政治教育评估工作的必要性、实施策略和其重要意义。

（一）定期开展评估工作的必要性

定期开展思想政治教育评估工作是教育发展的内在要求，这一过程对于适应时代变迁、社会进步具有不可或缺的价值，在当前快速发展的时代背景下，高校思想政治教育正面临着前所未有的机遇和挑战。定期评估不仅是响应这种变迁的一种有效手段，更是推动教育不断向前发展的强大动力。

一是定期评估是教育自我完善的必经之路。随着社会的不断进步，学生的思想观念、价值观念也在不断变化，这就要求教育内容、方法必须与时俱进。通过定期评估，全面了解当前的教育现状，把握教育发展的趋势，为教育决策提供科学、合理的依据。这有助于更好地适应时代的变化，满足学生的需求，推动教育事业的持续进步。

二是定期评估有助于提升教育质量。评估工作不仅是对教育成果的检验，更是对教育过程的全面、深入的剖析。通过评估，发现教育过程中存在的问题和不足，为改进教育方法、提高教育质量提供有力支持。同时，评估结果还可作为评价教师工作绩效、激励教师改进教学的重要依据，这有助于激发教师的积极性和创造力，推动他们不断提升自身的教育水平和能力，从而提高整个教育系统的质量。

三是定期评估有助于加强教育监管。在教育事业快速发展的过程中，一些违规行为和不正之风可能会逐渐滋生，如教学内容的不规范、教学过程中的松懈以及对学生不负责任的态度等。通过定期评估，可以及时发现这些问题，并采取有效措施加以纠正，确保教育活动的合规性和公正性。此外，定期评估还可以起到预警作用，防止潜在问题的扩大和恶化。评估结果能够为教育监管部门提供翔实的数据和信息，使他们能够更加准确地掌握教育的现状和发展趋势，从而制定出更加科学、合理的政策和措施。这不仅能够维护教育的公平性和公正性，还能推动教育事业的持续健康发展，确保每一位学生都能够在一个良好的教育环境中获得成长和发展。

（二）实施定期评估工作的策略

实施定期评估工作，是确保高校思想政治教育质量和效果持续提升的关键环节，为了确保评估工作的科学性和有效性，需要制定一套科学、合理的评估策略。一是明确评估的目标和指标体系是评估工作的基础。评估目标应具体、明确，不仅能够全面反映思想政治教育的整体质量，还能精准捕捉各个教育环节的效果。评估指标应科学、合理，既要符合教育规律，又要贴近教育实际，能够客观、公正地评价教育过程和教育成果。在制定评估指标时，应充分考虑学生的需求、教师的实际情况和教育资源的配置等因素，确保评估结果的真实性和可信度。二是选择合适的评估方法和工具是评估工作的重要环节。评估方法应多样化、灵活性强，以适应不同教育阶段、不同教育对象的需求，采用问卷调查、访谈、观察等方法，全面了解学生的思想观念、价值取向、行为习惯等方面的变化，以及教师的教学方法、教育效果等方面的情况。同时评估工具应先进、实用，能够准确、高效地收集和分析评估数据，借助现代信息技术手段，如大数据分析、人工智能等，对评估数据进行深入挖掘和分析，为评估结果提供更加准确、科学的支撑。

（三）定期评估工作的实践意义

定期开展思想政治教育评估工作，具有重要的实践意义。一是评估结果为教育决策提供科学依据。通过评估工作，全面了解教育现状和发展趋势，为制定教育政策、规划教育发展方向提供有力支持。二是评估工作促进教育质量的提升。评估结果揭示教育过程中存在的问题和不足，为改进教育方法、提高教育质量提供有力支持。同时，评估结果还作为评价教师工作绩效、激励教师改进教学的重要依据。三是评估工作有助于加强教育监管。通过评估工作，及时发现和纠正教育过程中的违规行为和不正之风，维护教育公平和公正，保障教育事业的健康发展。此外，评估工作还提高教育透明度和社会认可度，增强教育公信力。

定期开展思想政治教育评估工作是促进高校思想政治教育持续发展的重要保障，通过明确评估的必要性、制定科学的评估策略、加强评估工作的组织与管理等措施，确保评估工作的顺利进行和评估结果的公正性、客观性。评估结果不仅为教育决策提供科学依据、促进教育质量的提升、加强教育监管，还提高教育透明度和社会认可度。因此，应高度重视定期开展思想政治教育评估工作的重要性，并不断完善和优化评估体系的建设，同时还应注重评估结果的运用和反馈机制的建设，确保评估工作能够真正发挥其在促进高校思想政治教育持续发展中的积极作用。

二、运用多种评估方法与技术手段

在高校思想政治教育的评估实践中，单一的评估方法往往难以全面、准确地反映教育的实际效果。因此，为了更加科学、客观地评价思想政治教育的效果，需要运用多种评估方法与技术手段。这不仅有助于更深入地了解教育现状，还能为教育的持续发展提供有力支持。

（一）多种评估方法的必要性

在深入探讨高校思想政治教育的评估工作时，首先必须认识到多种评估方法的必要性。这是因为高校思想政治教育是一个复杂且多维度的过程，其教育效果受到多种内外部因素的影响。要全面、准确地把握其实际效果，需要从多个角度、多个层面进行综合评估。采用多种评估方法有助于更全面地了解思想政治教育的效果。例如，通过问卷调查，快速收集大量数据，了解学生对思想政治教育的整体满意度、对课程内容的理解程度等。然而，问卷调查也存在一定的局限性，如回答不真实、不全面，因为有些学生会出于某些原因而隐藏真实想法。

（二）技术手段在评估中的应用

随着信息技术的快速发展，越来越多的技术手段被应用于教育评估中，这些技术手段不仅提高了评估的效率和准确性，还提供了更多元的评估方式。一是大数据和云计算技术的应用，能够更快速地处理和分析大量数据。其通过收集和分析学生在学习、生活、社交等方面的数据，更深入地了解学生的思想动态和行为习惯，从而更准确地评估思想政治教育的效果。二是人工智能和机器学习技术的应用，能够更智能地进行评估。例如，利用自然语言处理技术对学生的文本数据进行情感分析，以了解学生对思想政治教育的态度和感受；利用图像识别技术对学生的面部表情进行分析，以了解学生在课堂上的情绪变化。

（三）多种评估方法与技术手段的融合

在实践中，需要将多种评估方法与技术手段进行融合，以形成一套完整的评估体系，这种融合不仅能提高评估的全面性和准确性，还能提高评估的效率和可操作性。一是需要根据评估的目的和实际情况选择合适的评估方法和技术手段。例如，对于某个具体的教学环节或教育活动，需要采用问卷调查和访谈相结合的方式进行评估；而对于某个宏观的教育政策或规划，需要利用大数据和云计算技术进行深入分析。二是需要建立一个统一的评估平台或系统，以实现对不同来源、不同类型的数据和信息的整合和分析。这个平台或系统应该具备强大的数据处理和分析能力以支持多种评估方法和技术手段的应用；同时它还应该具备良好的用户界面和交互体验以方便用户进行操作和使用。

在高校思想政治教育的评估实践中运用多种评估方法与技术手段具有重要意义，它不仅提高了评估的全面性和准确性，还提高了评估的效率和可操作性。因此，应该积极探索和应用多种评估方法与技术手段，以形成一套完整的评估体系，为高校思想政治教育的持续发展提供有力支持。同时，还需要加强对评估结果的解释和应用，将评估结果作为改进教育和促进发展的重要依据，不断提高高校思想政治教育的质量和效果。

三、深入分析评估结果，形成反馈报告

在高校思想政治教育评估的实践应用中，深入分析评估结果并形成有效的反馈报告是评估工作的重要环节。这一环节不仅是对评估数据的整理和归纳，更是对评估结果深入解读和反思的过程。通过深入分析评估结果，更加准确地把握思想政治教育的实施效果，发现存在的问题与不足，进而提出针对性的改进策略，为思想政治教育的持续发展提供有力支持。

（一）评估结果深入分析的必要性

深入分析评估结果是确保评估工作有效性的关键。评估数据往往只是表面现象，需要通过深入分析才能揭示其背后的深层次原因；只有对评估结果进行深入的解读和反思，才能发现思想政治教育的真正效果，以及存在的问题与不足。同时，深入分析评估结果还有助于理解评估数据之间的内在联系和规律，为提出改进策略提供科学依据。

在进行评估结果深入分析时，需要关注以下三个方面：一是评估结果的整体趋势和变化情况，了解思想政治教育的总体效果；二是评估结果中的异常数据和特殊案例，挖掘其背后的原因和影响；三是评估结果中的亮点和成功经验，总结其可推广的价值和意义，通过全面、深入地分析评估结果，为后续的反馈报告撰写提供有力的数据支撑和理论支持。

（二）反馈报告的撰写与呈现

有效的反馈报告是评估结果深入分析的直接体现，反馈报告是评估工作的最终成果，也是改进策略制定的重要依据。一个有效的反馈报告应该具备以下四个特点：一是内容全面、准确，能够全面反映评估结果和存在的问题；二是结构清晰、条理分明，方便读者快速了解报告的主要内容；三是语言简洁明了，避免使用过于复杂或晦涩的词汇和句子；四是建议具体可行，能够针对存在的问题提出具体的改进策略和建议。

在撰写反馈报告时，需要关注以下五个方面：一是明确报告的目的和受众，根据受众的特点和需求确定报告的内容和形式；二是提炼评估结果中的关键信息和亮点，用简洁明了的语言进行呈现；三是对存在的问题进行深入分析，并提出具体的改进策略和建议；四是注意报告的排版和格式，使其更加美观、易读；五

是需要注意反馈报告的呈现方式，除了传统的纸质报告，还可利用多媒体、网络等现代技术手段进行呈现，通过制作PPT、视频、网页等形式，更加生动、直观地展示评估结果和反馈报告的内容，提高读者的阅读体验和理解程度。

（三）反馈报告的应用与效果评估

形成反馈报告并不是评估工作的终点，更重要的是将反馈报告应用于实际工作中，并对其进行效果评估。只有将反馈报告转化为实际行动，才能真正发挥其作用和价值。同时，对反馈报告的应用效果进行评估也是确保评估工作持续改进的关键环节，在应用反馈报告时，需要将报告中的改进策略和建议转化为具体的行动计划，并明确责任人和时间节点。通过加强监督和管理，确保行动计划得到有效执行，同时还需要对行动计划的执行情况进行跟踪和评估，及时发现问题并进行调整。在对反馈报告的应用效果进行评估时，需要关注以下三个方面：一是行动计划的执行情况是否达到预期目标；二是改进策略是否有效解决了存在的问题；三是反馈报告是否对思想政治教育的持续发展产生了积极影响。通过全面、客观地评估反馈报告的应用效果，不断总结经验教训，完善评估工作的流程和方法，为思想政治教育的持续发展提供更加有力的支持。

深入分析评估结果并形成有效的反馈报告是高校思想政治教育评估实践应用的重要环节。应通过对评估结果的深入分析和解读，全面、准确地把握思想政治教育的实施效果，发现存在的问题与不足，进而提出针对性的改进策略和建议。同时，将反馈报告应用于实际工作中并进行效果评估也是确保评估工作持续改进的关键环节。通过不断总结经验教训和完善评估工作的流程和方法，为思想政治教育的持续发展提供更加有力的支持。因此，应该高度重视评估结果的深入分析和反馈报告的撰写与应用工作，确保评估工作在高校思想政治教育中发挥更大的作用和价值。

四、指导思想政治教育工作的改进与优化

在高校思想政治教育工作中，评估不仅是对教育成果的一次检验，更是推动教育工作改进与优化的重要动力。通过对评估结果的系统分析，能够发现教育过程中存在的问题与不足，从而有针对性地提出改进措施，优化教育方案，提升教育质量和效果。

（一）评估结果对教育工作的指导作用

评估结果作为高校思想政治教育工作的一面镜子，对于教育工作的改进与优化具有不可替代的指导作用。这面镜子不仅映射出教育工作的实际成效，更指引着前进的方向，是教育工作者持续进步的不竭动力。一是评估结果直接反映了教育工作的实际成效。通过深入剖析评估数据，教育工作者能够清晰地看到教育过程中的亮点与不足，从而明确自身的优势和短板。这种直观的反馈有助于教育工作者认识到自己在教育过程中的表现，并据此进行自我反思和提升。评估结果的详细分析能够帮助教育工作者准确定位问题所在，为后续的改进工作提供明确的方向和策略。二是评估结果揭示了教育目标的达成情况。教育目标是高校思想政治教育的核心和灵魂，而评估结果则是检验这一目标是否达成的关键依据。通过评估结果，教育工作者了解教育目标在实际工作中的落实情况，判断教育策略是否有效，以及是否需要调整和改进。这种对目标达成情况的反馈，有助于教育工作者明确教育方向，确保教育工作始终沿着正确的方向前进。

（二）基于评估结果的教育工作改进策略

在获得详尽且深入的评估结果后，制订切实有效的教育工作改进策略成为推动高校思想政治教育工作持续进步的关键。这些策略不仅要针对评估中发现的薄弱环节进行精准施策，更要注重整体提升和长效机制的建立。一是针对评估中发现的薄弱环节，必须迅速而坚定地采取行动。例如，如果评估结果显示教育内容陈旧或教学方法单一，应立即着手更新教育资源，引入现代教学理念和手段。这包括但不限于引入最新的学术研究成果、案例分析和实践应用，确保教育内容与时俱进，紧密贴合时代发展的脉搏；同时也要探索和创新教学方法，如引入翻转课堂、项目式学习等新型教学模式，使教学方法更加灵活多样，激发学生的学习兴趣和主动性。二是强化实践教育环节对于提升思想政治教育工作的质量至关重要，应该积极组织学生参与社会实践、志愿服务等活动，让学生在亲身体验中深化对理论知识的理解与认同。通过实践活动，学生能更直观地感受到理论知识在现实生活中的应用和价值，从而增强对思想政治教育的认同感和归属感。同时，实践教育还能够培养学生的社会责任感和公民意识，为其未来的职业发展和社会生活奠定坚实的基础。

（三）优化后的教育工作效果评估与持续改进

在实施了针对性的教育工作改进策略后，对优化后的教育工作效果进行评估成为关键。这一评估不仅是对改进策略有效性的检验，更是推动教育工作持续改进的动力。一是通过收集和分析学生的学习成果、行为表现等数据，评估优化后的教育工作是否达到了预期目标，同时也要关注学生的反馈和满意度，了解他们对教育工作的真实感受。二是基于评估结果，教育工作者需要反思和改进教育策略，对于取得显著成效的方面，要总结经验并继续推广，对于仍存在问题的方面，要深入分析原因，提出新的改进方案。三是持续改进是教育工作永恒的主题。教育工作者应时刻保持敏锐的洞察力和创新精神，不断适应时代发展和学生需求的变化，推动教育工作不断向前发展。通过持续优化和改进教育工作，为学生创造更好的学习环境，培养更多的优秀人才。

在高校思想政治教育工作中，评估的实践应用对于指导教育工作的改进与优化具有重要意义。通过对评估结果的深入分析和系统应用，能够发现教育过程中存在的问题与不足，提出具体的改进措施和优化方案，并持续优化和改进教育工作。这一过程不仅能够提高教育质量和效果，还能推动思想政治教育工作不断创新和发展，因此，应该高度重视评估的实践应用工作，并将其贯穿于整个思想政治教育工作的始终。

第三节　思想政治教育持续改进的路径探索

一、基于评估结果的针对性改进措施

随着时代的不断发展和社会环境的快速变化，高校思想政治教育工作面临着新的挑战和机遇。为了确保教育的针对性和实效性，基于评估结果的针对性改进措施成为推动思想政治教育持续改进的关键路径。通过深入分析评估数据，能够发现教育过程中存在的问题和不足，进而提出具体的改进措施，以实现教育工作的持续优化和升级。

（一）评估结果的深入分析与问题诊断

在推进高校思想政治教育的持续改进过程中，对评估结果的深入分析与问题诊断是首要且关键的一步。评估结果作为教育工作的反馈，不仅直接反映了教育实践的成效，也揭示了存在的问题和短板。一是对评估结果进行全面梳理和归纳是必要的。需要将各类数据、意见和建议进行系统整理，形成对教育工作的全面认识，这一过程不仅要求细致入微地解读每一个数据点，还需要站在全局的角度审视教育工作的整体表现。二是对比不同时间、不同群体的评估数据，帮助发现教育工作的变化趋势和潜在问题。这种对比分析有助于更准确地把握教育工作的动态，为制定改进措施提供有力依据。在问题诊断阶段，要保持客观、公正的态度，避免主观臆断和偏见，同时要全面、系统地分析问题，不仅要看到问题的表面现象，更要深入挖掘问题的本质和根源。这需要具备扎实的专业知识和敏锐的洞察力，能够从多个角度审视问题，找出问题的症结所在。通过深入分析和问题诊断，明确教育工作中存在的问题和不足，为制定有针对性的改进措施提供有力支撑。这一过程是持续改进的基础和前提，也是确保教育工作不断优化升级的关键环节。

（二）针对性改进措施的制定与实施

基于评估结果的深入分析和问题诊断，需要制定一系列针对性强、切实可行的改进措施，这些措施应紧密围绕教育工作的核心目标，针对评估中发现的短板和不足，提出具体、可操作的解决方案。在制定改进措施时，一是明确改进的重点和优先级，确保资源能够得到有效配置；二是结合实际情况和资源条件，制定切实可行的改进方案，确保措施能够落地生根，同时还要注重措施的针对性和实效性，确保每一项措施都能直击问题要害，产生实际效果。在改进措施的实施过程中，需要加强组织领导和协调配合，确保各项措施能够得到有效执行。同时，还要建立健全监督评估机制，对改进措施的执行情况进行跟踪和评估，及时发现和解决问题，确保改进措施能够取得预期效果。通过这些措施的实施，推动思想政治教育工作的持续优化和升级。

（三）持续改进机制的建立与完善

为了确保高校思想政治教育工作的持续优化和升级，建立和完善持续改进机制至关重要，这一机制不仅是对当前教育工作成果的巩固和提升，更是对未来教育发展的规划和布局。一是建立定期评估制度。通过定期的评估检查，能够及时了解教育工作的进展和成效，发现问题并及时解决。评估制度应确保科学性和客观性，全面、准确地反映教育工作的实际情况。二是加强反馈机制建设。建立畅通的反馈渠道，鼓励学生、教师和社会各界积极参与，提出宝贵的意见和建议，这些反馈将成为改进工作的重要参考和依据。三是注重团队建设和人才培养。加强教师队伍建设，提高教师的专业素养和教学能力，为教育工作的持续改进提供有力保障。同时，培养一批具有创新精神和实践能力的学生骨干，为教育工作的持续发展注入新的活力。四是不断完善和优化持续改进机制，确保其与教育工作的实际需要相契合，为教育工作的持续优化和升级提供有力支持。

二、创新思想政治教育理念与方法

随着社会的不断发展和时代的变迁，高校思想政治教育工作面临着新的挑战和机遇。为了适应这一变化，必须不断创新思想政治教育的理念与方法，以更加科学、有效的方式推动学生的全面发展。下面将探讨如何创新思想政治教育理念与方法，以期为高校思想政治教育工作提供新的思路和实践指导。

（一）理念创新的必要性及方向

随着社会的快速发展和科技的日新月异，高校思想政治教育工作面临着前所未有的挑战，传统的教育理念和方法在某些方面已难以满足新时代的教育需求，因此理念创新显得尤为必要。理念创新的必要性在于，它能够引领思想政治教育走向更加科学、合理、有效的方向。在新时代背景下，学生的思想观念、价值取向和行为方式都发生了深刻变化，这就要求更新教育观念，以更加开放、包容、前瞻的视野来审视和推动思想政治教育工作。

理念创新的方向应当体现以人为本、全面发展的原则。一是关注学生的个体差异和成长需求，尊重他们的主体地位和选择权利，培养他们的自主意识和创新能力。二是关注学生的全面发展，不仅注重知识的传授，更要注重能力的培养和素质的提升，帮助他们树立正确的世界观、人生观和价值观。三是理念创新还应关注时代发展和社会变化对思想政治教育提出的新要求。例如，在信息化、网络化时代背景下，如何利用新媒体技术拓展思想政治教育的空间和渠道，提高教育的覆盖率和影响力，是摆在高校思想政治教育工作面前的重要课题。

（二）方法创新的路径与实践

在思想政治教育领域，方法创新是推动教育效果提升的关键。面对新时代学生的多样性和复杂性，必须探索新的教育方法，以更好地满足他们的成长需求。方法创新的路径包括以下三点：一是在于引入现代教育技术。利用互联网、大数据、人工智能等先进技术，构建线上线下的教育平台，实现教育资源的共享和优化配置，同时这些技术还能帮助学生更直观、生动地理解教育内容，提高学习兴趣和参与度。二是实践教学是方法创新的重要方向。通过组织各种实践活动，如社会调查、志愿服务、实地考察等，让学生亲身参与和体验，从而加深对理论知识的理解和应用。这种教学方式能够增强学生的实践能力和社会责任感，提升教育的实效性。三是多元化教育方法的探索也是方法创新的重要实践。结合学生的兴趣和特长，开展丰富多样的教育活动，如主题讲座、辩论赛、文艺演出等，这些活动不仅能够丰富学生的课余生活，还能在潜移默化中影响他们的思想观念和价值取向。

（三）创新理念与方法的融合与发展

在思想政治教育领域，创新理念与方法的融合与发展是推动教育工作不断进步的关键，只有将创新的理念与有效的教育方法相结合，才能更好地适应时代的需求，提升教育效果。一是创新理念为方法创新提供了方向和目标。随着社会的进步和时代的变化，传统的教育方法已经难以完全适应新的教育需求，因此需要根据创新的教育理念来探索新的教育方法，以满足学生的成长需求。比如，以人为本的教育理念强调学生的主体性和个性发展，这就要求在教育方法上注重学生的个体差异，采用更加灵活多样的教学方式。二是方法创新是创新理念得以实现的重要手段。有了创新的教育理念，如果没有相应的方法创新来支撑，那么这些理念就很难落到实处。因此，需要不断探索和实践新的教育方法，如引入现代教育技术、加强实践教学、开展多元化教育活动等，以更好地实现创新的教育理念。

通过深入探讨创新思想政治教育理念与方法的必要性、路径和实践，以及理念与方法之间的融合与发展，为高校思想政治教育工作提供了新的思路和实践指导。在未来的工作中，应不断探索和实践创新理念与方法，以推动高校思想政治教育工作的持续发展。

三、加强师资队伍建设，提升教育质量

在高校思想政治教育中，师资队伍的素质和能力直接影响教育质量的高低，因此，加强师资队伍建设，提升教育质量，是思想政治教育持续改进的重要路径之一。下面将围绕这一主题，从多个角度探讨如何加强师资队伍建设，提高教育质量。

（一）师资队伍建设的重要性及现状分析

在高校思想政治教育工作中，师资队伍建设的重要性不言而喻。一支优秀的师资队伍，不仅是提升教育质量的关键，更是推动学生全面发展的重要保障。优秀的教师能够以其深厚的学术造诣、高尚的道德品质和独特的人格魅力，引导学生树立正确的世界观、人生观和价值观，激发他们的学习热情和创新能力，为他们的未来发展奠定坚实的基础。然而，当前高校思想政治教育师资队伍却面临一些不容忽视的挑战。一是部分教师的教育理念相对滞后，难以适应新时代的教育需求。在快速变化的社会背景下，学生面临着更加复杂多元的信息环境和价值观念，这对教师的教育理念和教育方法提出了更高的要求，但一些教师仍然固守传统的教育模式，缺乏创新意识和实践能力，难以有效应对新时代的教育挑战。二是部分教师的专业素养和教育能力有待提高。随着学科知识的不断更新和教学方法的不断创新，教师需要不断更新自己的知识体系和教学方法，以应对日益复杂多变的教育环境，但一些教师在专业素养和教育能力方面存在不足，难以有效应对复杂多变的教育任务，这不仅影响了教育质量，也制约了教师的职业发展。

（二）加强师资队伍建设的策略与途径

针对当前高校思想政治教育师资队伍面临的挑战和问题，需要采取一系列策略与途径来加强师资队伍建设，以确保教育质量的持续提升。一是明确师资队伍建设的重要性和紧迫性，制定科学的师资队伍建设规划。这包括确定建设目标、任务和时间表，确保师资队伍建设的系统性和连续性。二是加强教师的教育培训和进修。通过组织定期的培训活动、研讨会和进修课程，提升教师的专业素养和教育能力，同时鼓励教师参与国内外学术交流，拓宽视野，增强创新能力。三

是优化师资队伍结构。通过引进优秀人才、培养年轻教师、合理配置教师资源等方式，改善师资队伍的年龄结构、学科背景和知识结构，提高师资队伍的整体素质。四是建立健全激励机制和评价体系。通过设立奖励制度、提供晋升机会、加强绩效考核等方式，激发教师的工作热情和积极性，提高教育质量，同时注重教师的职业发展规划，为教师提供广阔的发展空间。五是加强师德师风建设。通过加强师德教育、完善师德评价和监督机制等方式，提高教师的职业道德素养，树立良好的教师形象，为学生树立榜样。

（三）师资队伍建设与教育质量提升的关系

师资队伍建设与教育质量提升之间存在着密不可分的关系。一方面，优秀的师资队伍是提升教育质量的前提和基础。教师的专业素养、教育能力和教育理念直接影响学生的学习效果和发展方向，只有教师具备扎实的专业基础、先进的教育理念和高效的教学方法，才能为学生提供优质的教育资源，推动学生全面发展。另一方面，教育质量的提升又进一步促进师资队伍的建设。教育质量的提高意味着学生的学习效果得到改善，社会对教育的认可度提升，这将对教师产生积极的激励作用。同时，教育质量的提升也会对教师提出更高的要求，促使教师不断更新知识、提升能力，以适应时代的发展和学生的需求。

加强师资队伍建设，提升教育质量是高校思想政治教育持续发展的关键，通过分析师资队伍建设的重要性、现状和挑战，探讨加强师资队伍建设的策略与途径，以及师资队伍建设与教育质量提升的关系至关重要。在未来的工作中，应继续加强师资队伍建设，不断提升教育质量，为培养更多优秀人才做出更大贡献。

四、深化理论与实践研究，推动思想政治教育创新发展

随着社会的快速发展和时代的变迁，高校思想政治教育面临着诸多新的挑战和机遇，为了应对这些挑战并抓住机遇，需要不断深化理论与实践研究，推动思想政治教育的创新发展。下面将围绕这一主题，从理论与实践两个维度探讨如何进行深化研究，以推动思想政治教育的创新发展。

（一）深化理论研究，为思想政治教育提供坚实支撑

在推动高校思想政治教育创新发展的过程中，深化理论研究是其核心和基

石。一是理论研究能够为思想政治教育提供坚实的理论支撑，确保教育实践在正确的轨道上前进。通过深入研究思想政治教育的理论体系、基本原理与规律，能够更加清晰地认识其本质和内涵，为教育实践提供科学的指导和依据。二是深化理论研究有助于应对新时代的新挑战。随着社会的快速发展和时代的变迁，高校思想政治教育面临着诸多新的挑战。只有不断深化理论研究，才能准确把握时代脉搏，理解学生需求，为教育实践提供有针对性的指导。三是深化理论研究是推动思想政治教育创新发展的关键。通过理论研究，不断探索新的教育理念、方法和模式，为教育实践注入新的活力和动力。同时，理论研究还能够提供丰富的思想资源和创新灵感，推动思想政治教育在内容、形式和方法上的不断创新。

（二）加强实践研究，提升思想政治教育的实效性

在推进高校思想政治教育的创新发展中，加强实践研究是提升其实效性的关键。实践研究能够直接面向教育现场，深入探究思想政治教育过程中的具体问题，为教育实践提供切实可行的解决方案。一是加强实践研究有助于更准确地把握学生的思想动态和行为特点，通过实践研究，能够更加深入地了解学生的需求和困惑，从而为他们提供更加精准、有效的指导和帮助。二是实践研究能够检验理论研究的成果，推动理论向实践的转化，只有经过实践检验的理论，才能更好地指导教育实践。通过实践研究，不断修正和完善理论，使其更加符合教育实际，提高思想政治教育的针对性和实效性。三是加强实践研究还能够推动思想政治教育的创新发展。在实践中，会遇到许多新情况、新问题，这需要不断创新教育理念和方法，以适应变化的需求，实践研究能够提供丰富的素材和案例，推动高校思想政治教育在实践中不断探索和创新。

（三）理论与实践相结合，推动思想政治教育的创新发展

在推动高校思想政治教育的创新发展中，理论与实践的紧密结合至关重要，理论为实践提供指导和支撑，而实践则是检验理论正确性和有效性的重要途径。一是理论与实践相结合有助于实现知识的转化与应用。通过实践，将理论知识转化为实际的教育方法和策略，使其更好地服务于教育实践，同时实践中的经验和教训又能反过来丰富和完善理论，推动理论的创新和发展。二是理论与实践相结合能够推动思想政治教育的创新发展。在实践中不断遇到新问题、新挑战，需要

不断创新教育理念和方法来应对。通过理论与实践的紧密结合，不断探索新的教育模式、方法和手段，为思想政治教育注入新的活力和动力。三是理论与实践相结合还能够提升思想政治教育的实效性。只有将理论知识真正应用到实践中，才能确保教育效果的达成。通过理论与实践相结合，能够更加准确地把握学生的需求和困惑，为他们提供更加精准、有效的指导和帮助，从而提升思想政治教育的实效性。

深化理论与实践研究是推动思想政治教育创新发展的关键，通过加强理论研究，为思想政治教育提供坚实的理论支撑；通过加强实践研究，提升思想政治教育的实效性；通过实现理论与实践的有机结合，推动思想政治教育的创新发展。在未来的工作中，应继续深化理论与实践研究，不断探索新的教育理念和方法，为培养更多优秀人才做出更大贡献。

第四节 高校思想政治教育的长远发展规划

一、明确思想政治教育的发展目标与方向

随着社会的不断进步和高等教育的深入发展，高校思想政治教育工作面临着新的机遇与挑战。为了有效应对这些挑战，确保思想政治教育工作的持续、健康、稳定发展，必须明确其长远的发展目标与方向。这不仅是推动思想政治教育创新发展的前提，也是确保高等教育质量的重要因素。

（一）确立与时俱进的发展目标

随着社会的飞速发展和科技的日新月异，高校思想政治教育工作也面临着前所未有的机遇与挑战，在这样的背景下，确立与时俱进的发展目标尤为重要。这不仅是适应时代发展的需要，更是推动思想政治教育创新发展的关键。一是与时俱进的发展目标应当紧密围绕国家发展战略和时代要求。当前我国正处于全面建设社会主义现代化国家开局起步的关键时期，这要求高校思想政治教育工作必须紧扣国家发展大局，将培养学生的社会责任感、创新精神和实践能力作为重要目标。同时，随着全球化的深入发展，思想政治教育还需要关注学生的国际视野和

跨文化交流能力，以适应多元文化的时代要求。二是与时俱进的发展目标应当注重学生的全面发展。在新时代背景下，学生不仅需要具备扎实的专业知识，还需要具备良好的品德、健全的人格和广泛的兴趣爱好。因此，高校思想政治教育工作应当关注学生的全面发展，通过丰富多彩的教育活动和课程设计，培养学生的综合素质和创新能力。三是与时俱进的发展目标应当注重实践育人的重要性。实践是检验真理的唯一标准，也是培养学生能力的重要途径。高校思想政治教育工作应当加强实践教学环节，通过组织社会实践活动、志愿服务等方式，让学生在实践中学习、在实践中成长。同时，还需要注重实践育人的创新性和实效性，不断探索新的实践育人模式和方法。

（二）明确思想政治教育的根本方向

在推进高校思想政治教育工作中，明确其根本方向至关重要，这一方向不仅指引着教育的内容和形式，更关乎着培养什么样的人、如何培养人及为谁培养人的根本问题。一是思想政治教育的根本方向在于立德树人。这是教育的核心和灵魂，要求在教育过程中注重培养学生的道德品质、人格魅力和社会责任感。通过引导学生树立正确的世界观、人生观和价值观，旨在培养出具有高尚品德、健全人格和强烈社会责任感的新时代青年。二是思想政治教育的根本方向在于服务国家和社会。作为高等教育的重要组成部分，思想政治教育必须紧密围绕国家发展战略和社会需求来展开。要引导学生深刻理解国家的历史使命和时代责任，激发他们为国家富强、民族复兴、人民幸福而努力奋斗的豪情壮志。三是明确思想政治教育的根本方向还需注意与时俱进。在新时代背景下要紧跟时代步伐，不断更新教育理念和方法，确保思想政治教育始终走在时代前列。

（三）拓展思想政治教育的发展路径

在新时代背景下，拓展思想政治教育的发展路径至关重要，这不仅要求在传统教育方式的基础上进行创新，还要积极寻找和构建多元化的教育渠道和平台。一是加强实践教学，让学生在实践中感知、体验和领悟思想政治教育的深刻内涵，通过组织社会实践、志愿服务等活动，让学生在亲身体验中培养社会责任感和公民意识。二是充分利用现代信息技术手段，拓展思想政治教育的空间和渠道，如通过建立网络教育平台、开发移动应用等方式，将思想政治教育延伸到学生的日常生活中，使其更加贴近学生的实际需求。三是注重跨学科、跨领域的融合创新，将思想政治教育与专业知识教育、人文素质教育等相结合，形成多学科协同育人的新格局。这样不仅丰富了思想政治教育的内容和形式，还可提高学生的综合素质和创新能力。

明确高校思想政治教育的发展目标与方向，是确保其持续、健康、稳定发展的关键。通过把握时代脉搏、坚持立德树人、强化实践育人等策略，能够确立符合时代要求、具有前瞻性的发展目标，为高校思想政治教育的长远发展提供有力保障。同时，还需要采取完善评估机制、加强师资队伍建设、创新教学方法等举措，以推动思想政治教育工作的不断创新和发展。在未来的工作中，应当继续深化研究、加强实践探索，为培养更多优秀人才做出更大贡献。

二、制定科学可行的发展规划与实施方案

在明确高校思想政治教育的发展目标与方向之后，制定科学可行的发展规划与实施方案成为至关重要的下一步。这不仅关乎思想政治教育工作的有序开展，更直接影响其长期发展的效果和质量。因此，必须充分认识到制定发展规划与实施方案的重要性，并严格遵循科学、合理、可行的原则。

（一）深入分析现状，明确发展需求

在制定高校思想政治教育长远发展规划时，深入分析现状是不可或缺的第一步。当前高校思想政治教育面临着诸多挑战和机遇，包括学生思想的多元化、信息传播的快速化及社会对人才综合素质的高要求等，因此必须全面审视现有工作的成效与不足，准确把握思想政治教育工作的实际状况。在深入分析现状时，需要从多个维度出发，包括教育内容的丰富性、教育方法的多样性、师资队伍的建设情况、教育资源的配置等。同时，还要关注学生的实际需求和发展趋势，了解他们的思想动态、行为特点及对未来职业发展的期望。通过深入分析现状，明确当前思想政治教育工作的短板和不足，进而明确发展需求。这些需求包括加强理论武装、提升实践育人能力、优化课程设置、加强师资队伍建设等方面，只有明确了发展需求，才能有针对性地制定发展规划和实施方案，推动高校思想政治教育工作的持续发展。

（二）科学制定规划，明确发展目标

科学制定高校思想政治教育的发展规划，是确保工作有序进行的关键所在，必须坚持实事求是的原则，依据深入分析现状所明确的发展需求，科学合理地设定发展目标。这些目标应当既符合国家高等教育发展战略，又满足学生成长成才的实际需要。在规划制定过程中，要注重目标的层次性和系统性，既要设定短期可实现的目标，也要规划长期的发展蓝图。同时，目标应具体、可量化，以便后续的评估与调整，此外，规划还需考虑资源的合理配置，确保各项措施能够得到有效实施。明确发展目标后，需要将其细化为具体的行动计划，包括课程设计、教学方法、实践活动、师资培训等各个方面。这些行动计划应紧密围绕发展目标展开，确保每一步都为实现目标服务，通过科学制定规划，明确发展目标，为高校思想政治教育的持续发展提供清晰的方向和有力的保障。

（三）精心组织实施，确保规划落地

精心组织实施是确保高校思想政治教育发展规划落地的关键步骤，在明确了发展目标并制订了具体行动计划后，必须将其转化为实际行动，确保规划得到有效执行。一是要加强组织领导，明确各级责任和任务，确保各项措施得到有力推进，同时要建立健全监督评估机制，对规划执行情况进行定期检查和评估，及时发现问题并进行调整。二是要注重资源整合和优化配置，确保人力、物力、财力等资源得到有效利用，同时，要加强与其他部门和机构的合作与交流，形成合力，共同推动思想政治教育工作的深入开展。三是要加强宣传引导，营造良好的舆论氛围，通过宣传规划的目标、任务和措施，增强师生对思想政治教育工作的认同感和参与度，形成共同推动规划落地的强大合力。

制定科学可行的发展规划与实施方案是高校思想政治教育持续发展的关键，应通过深入分析现状、科学制定规划和精心组织实施，确保思想政治教育工作的有序开展和长期发展。同时还需要不断总结经验教训、加强研究探索、创新教育理念与方法，以推动思想政治教育工作的不断创新和发展。在未来的工作中，应当继续加强规划和实施工作，为培养更多优秀人才做出更大贡献。

三、加强组织领导与加大政策支持力度

在推进高校思想政治教育的长远发展规划中，加强组织领导与加大政策支持

力度是不可或缺的环节。这不仅关系到规划能否得到有效实施，更直接影响到思想政治教育工作的整体质量和效果。因此，必须充分认识到加强组织领导与政策支持力度的重要性，并采取切实有效的措施加以落实。

（一）强化组织领导，确保规划有序进行

在高校思想政治教育的长远发展规划中，强化组织领导是确保规划有序进行的核心环节。一是必须明确各级领导在思想政治教育工作中的职责和任务，建立责任清单，确保每一项任务都有明确的责任人。二是要加强部门间的协调与配合，打破壁垒，形成合力，确保各部门能够按照规划要求，协同推进思想政治教育工作。三是要建立健全考核评估机制，对领导班子和领导干部在思想政治教育工作中的表现进行定期考核和评估，确保规划得到有效执行。四是加强培训和学习，提高领导干部对思想政治教育工作的认识和能力，确保他们能够更好地承担起领导责任，推动规划的有序进行。通过强化组织领导，确保高校思想政治教育的长远发展规划得到有效实施，推动思想政治教育工作不断向前发展。

（二）加大政策支持力度，提供有力保障

在推动高校思想政治教育的长远发展规划中，加大政策支持力度是确保工作顺利进行的重要保障，政府应出台更多有利于思想政治教育工作的政策，明确政策导向，为高校提供明确的指导。同时，要加大对高校思想政治教育工作的资金投入，确保教育资源的充足和先进，为教育创新提供物质基础。此外，政策还应鼓励和支持高校进行思想政治教育的创新实践，如鼓励开设思想政治教育相关的课程和研究项目，支持教师参加相关培训和交流活动等。这不仅能够提升教师的专业素养和教学能力，还能为学生提供更多元化、更高质量的教育资源。

（三）构建长效机制，确保规划长期有效

为确保高校思想政治教育的长远发展规划能够长期有效实施，构建长效机制是至关重要的一环。一是完善相关制度和规范，明确各方职责，确保规划能够按照既定目标有序进行。这包括建立责任追究机制，对未按要求执行规划的单位和个人进行问责，确保责任到人、到岗。二是加强队伍建设，提高思想政治教育工作者的专业素养和能力水平。通过定期组织培训、交流和学习活动，不断更新

教育理念和方法，使教育工作者能够紧跟时代步伐，满足学生成长成才的需求。三是优化资源配置，确保各项资源能够得到有效利用和合理配置，这既包括加强教学设施建设、改善教学条件、提高教学设备等硬件方面的投入，也包括加强教学资源库建设、推动教育资源共享等软件方面的投入。四是建立评估与反馈机制，对规划实施情况进行定期评估，及时发现问题并进行调整。通过收集师生意见和建议，不断优化规划内容和实施方式，确保规划能够真正满足学校和学生的需求。

加强组织领导与加大政策支持力度是推动高校思想政治教育长远发展规划落地的关键所在，通过强化组织领导、加大政策支持力度及构建长效机制，确保规划得到有效实施并取得长期有效的成果。在未来的工作中，需要继续加强组织领导和政策支持，不断探索和创新教育方法和途径，为推动高校思想政治教育工作的持续发展做出更大的贡献。

四、建立健全思想政治教育工作的长效机制

随着社会的不断发展和高等教育改革的深入，高校思想政治教育工作面临着新的机遇和挑战，为了确保思想政治教育工作的长期有效进行，必须建立健全其长效机制。长效机制是指能够长期稳定地发挥作用，确保思想政治教育工作持续、健康、有序发展的制度体系和工作机制。下面将从制度建设、队伍建设和资源保障三个方面探讨如何建立健全高校思想政治教育的长效机制。

（一）确保思想政治教育工作有章可循

建立健全高校思想政治教育的长效机制，是一项系统工程，需要从多个方面入手，确保思想政治教育工作有章可循、有序进行。这首先需要制定和完善一系列相关制度和规范，为思想政治教育工作提供明确的指导。在制度建设方面，需要关注思想政治教育工作的各个方面，从课程设计、教学管理、师资培训到学生评价、课程评估等关键环节，都要有明确的制度和规范进行约束和指导。这些制度和规范不仅要明确思想政治教育的目标、内容和方法，还要注重其可操作性和实效性，确保能够在实际工作中得到有效执行。

通过制定和完善这些制度和规范，为思想政治教育工作者提供清晰的工作指南。他们按照既定要求，有序地开展工作，确保思想政治教育的质量和效果。同

时，这些制度和规范还能够为高校学生的思想政治教育提供明确的学习目标和评价标准。学生清晰地了解自己需要学习什么、如何学习及学习效果的评价标准，从而更好地理解和接受思想政治教育内容。在制度建设中，还需要注重制度之间的衔接和配合。各项制度之间应该相互补充、相互支持，形成一个完整的制度体系。这样不仅能够避免制度之间的冲突和矛盾，还能够提高制度的执行效率和效果。此外，还需要加强对制度和规范的宣传和培训。通过广泛的宣传和培训，让更多的师生了解制度和规范的内容和要求，增强他们的制度意识和规范意识。同时，及时发现和解决制度和规范执行中的问题，推动思想政治教育工作不断向前发展。

（二）提升思想政治教育工作队伍素质

在建立健全高校思想政治教育的长效机制中，提升思想政治教育工作队伍素质是至关重要的一环，思想政治教育工作的质量和效果，很大程度上取决于教育工作者的专业素养和综合能力。因此，必须高度重视队伍建设，采取有效措施提升队伍的整体素质。一是加强思想政治教育工作者的师德师风建设，引导他们树立正确的教育观和育人观，增强责任感和使命感。二是提升教育工作者的专业水平，通过定期的培训和学习，更新教育理念和方法，增强他们的教育教学能力。三是加强团队协作和沟通能力，促进队伍内部的和谐与稳定。四是鼓励和支持教育工作者积极参与思想政治教育实践和研究，不断探索和创新教育方法和途径，提高工作的针对性和实效性。只有这样，才能打造一支高素质、专业化的思想政治教育工作队伍，为高校学生的全面发展提供有力保障。

（三）确保思想政治教育工作有充足的资源支持

为确保高校思想政治教育工作的顺利进行和长期发展，必须确保其拥有充足的资源支持，既包括物质资源（如教学设备、图书资料等），也包括非物质资源（如师资力量、政策扶持等）。一是加大对思想政治教育工作的经费投入，确保教学设备、图书资料等基础设施的完善与更新，为师生提供良好的教学和学习环境，同时要优化资源配置，确保资源能够得到有效利用，避免浪费。二是加强师资队伍建设，吸引和培养一批具备高素质、专业化的思想政治教育工作者。他们不仅要有深厚的理论功底，还要有丰富的实践经验，能够为学生提供高质量的教育服务。三是政策扶持，其也是确保思想政治教育工作有充足资源支持的重要因素，政府应出台相关政策，为高校思想政治教育工作提供必要的支持和保障，如设立专项基金、提供税收优惠等。

　　建立健全高校思想政治教育的长效机制是确保思想政治教育工作长期有效进行的重要保障，通过加强制度建设、队伍建设和资源保障三个方面的努力，构建一个稳定、专业、高效的思想政治教育工作机制。这不仅提升了思想政治教育工作的质量和效果，也为高校学生的全面发展提供了有力支持，因此，应该高度重视并不断加强高校思想政治教育的长效机制建设。

结　语

经过对高校思想政治教育的全面、系统、深入的探讨，不禁对这项教育工作的重要性有了更加深刻的认识。在这个信息爆炸、文化交融、价值多元的新时代，高校思想政治教育正站在一个崭新的历史起点上，面临着前所未有的挑战与空前的机遇。它不仅关乎大学生的个人成长与发展，更承载着培养时代新人的重任，是实现中华民族伟大复兴的中国梦不可或缺的一部分。

一是回顾研究历程，不难发现，高校思想政治教育的理论基础是其发展的根基。这一理论基础，不仅涵盖了党的指导思想、教育的基本原则，更涵盖了教育的主要任务和目标。只有深入理解和把握这一理论基础，才能确保教育工作的正确方向和有效实施，同时随着社会的不断发展，也需要不断更新和完善理论体系，以适应新的时代要求，确保高校思想政治教育能够与时俱进，紧跟时代的步伐。

二是实践探索是高校思想政治教育发展的重要途径。通过研究课程体系、师资队伍建设、对象分析与优化路径、环境优化等方面，我们提出了一系列切实可行的实践策略。这些策略不仅有助于高校更好地开展教育工作，更能够激发学生的学习兴趣和热情，培养他们的创新精神和实践能力。同时，实践探索还能够提供宝贵的经验和教训，帮助教育工作者不断改进和优化教育工作，使其更加符合学生的实际需求和发展特点。

三是构建高校思想政治教育的评估体系是确保其持续发展的重要保障。通过定期评估，全面了解教育工作的成效与不足，为改进与优化提供科学依据。评估体系的建立和完善，不仅能够帮助学生及时发现问题和不足，更能激励教育工作者不断创新和改进，推动高校思想政治教育向更高水平发展。同时，评估体系还能够提供反馈和建议，帮助教育工作者不断完善和优化教育方案，提高教育的针对性和实效性。

随着科技的日新月异和社会的不断进步，高校思想政治教育将迎来一系列重要的变革和发展机遇，未来的高校思想政治教育将更加注重个性化教育。在信息技术和大数据的支撑下，教育工作者能够更深入地了解学生的个体差异和需求，为每位学生提供量身定制的教育方案。借助先进的教育技术手段，如人工智能、虚拟现实等，为学生提供更加丰富多样、生动有趣的教育资源，使学习过程更加高效、有趣。未来的高校思想政治教育将追求精准化教育，通过对学生学习数据的收集和分析，教育工作者能够准确掌握学生的学习状态和效果，及时调整教学策略和方法。这种精准化的教育模式将有助于提高教育教学的针对性和实效性，使每一位学生都能得到充分的关注和帮助。

　　未来的高校思想政治教育还将注重培养学生的创新精神和实践能力。在复杂多变的社会环境中，大学生需要具备独立思考、解决问题的能力，同时也需要具备勇于探索、敢于创新的精神。因此，高校思想政治教育将更加注重培养学生的批判性思维和创新精神，通过组织各类实践活动、科研项目等，鼓励学生勇于尝试、敢于创新，为其未来的职业发展和社会适应能力奠定坚实的基础。

参考文献

[1] 孙皓祥,王学谦,李中君.基于生态文明视角分析大学生思想政治教育的理论与实践研究[J].环境工程,2023,41(8):10105.

[2] 吴顿.生态文明视角下高校加强生态伦理教育的探索[J].民族高等教育研究,2022,10(2):75—79.

[3] 孙嘉悦.生态文明教育融入高校思想政治教育路径探析[J].环境教育,2022(Z1):42—44.

[4] 史程程.思想政治教育视域下大学生生态文明观教育策略研究[J].吉林教育,2023(5):32—34.

[5] 陈根红.思想政治教育视角下的大学生生态文明教育的价值与体现[J].湖南工业职业技术学院学报,2023,23(3):66—70.

[6] 梁顺意.生态文明视域下高校学生思想政治教育协同育人机制研究及实施[J].灌溉排水学报,2023,42(6):10006.

[7] 王璐.生态文明视域下高校思想政治教育的优化路径研究[J].环境工程,2022,40(2):10004.

[8] 王琦.生态文明观视域下大学生思想政治教育路径探析[J].环境工程,2022,40(3):10024—10025.

[9] 梁小池.生态文明视野下的农业高校学生思想政治教育[J].新课程研究,2023(26):99—101.

[10] 韩蕊.铸魂育人视角下高校学生思想政治教育与生态文明建设的衔接[J].环境工程,2023,41(2):260.

[11] 席智芳,沈洪艳.生态文明观培育视野下的大学生思想政治教育创新探索[J].环境工程,2022(8):285.

[12] 刘文婷.生态文明观融入大学生思想政治教育全过程的实践研究[J].环境工

程, 2022(9): 303.

[13] 曹月.大学生思想政治教育中的生态文明教育引导研究[J].环境工程, 2022(4): 264.

[14] 陈云.生态文明理念融入大学生思想政治教育工作的探究[J].成才, 2023(11): 30—32.

[15] 任正琳.生态文明视域下高校思想政治教育理论与实践研究[J].环境工程, 2022(9): 336—336.

[16] 钱绍见.以思想政治教育为载体的大学生生态文明观培育探究[J].环境工程, 2023, 41(1): 10032—10033.

[17] 董云吉,刘春雨,由春桥.大学生生态文明教育现状研究——基于黑龙江省高校调查[J].教育教学论坛, 2022(51): 1—4.

[18] 赵慧军.生态文明建设背景下思想政治教育对高校大学生就业指导的积极意义[J].环境工程, 2022(10):295

[19] 洪其双.新时代高职院校大学生生态文明观协同教育研究[J].成才, 2022(19): 11—12.

[20] 王国玲.生态文明观培育视角下的高校思想政治教育探索[J].环境工程, 2022(11): 288.

[21] Liu Y . Case Study on Exploring Ideological and Political Education in University Computer Fundamentals Courses [J]. Adult and Higher Education, 2024, 6 (3): 45—50.

[22] Wang H ,Zhang G . An Exploration of the Ideological and Political Education Resources Embedded in the Quality Transfer Board of the Principles of Chemical Engineering Course [J]. Education Journal, 2024, 7 (3): 35—42.

[23] Wang Z ,Cheng D ,Feng M , et al. Teaching Reform and Practice of "Basic Theory of Traditional Chinese Medicine" under the Ideological and Political Concept [J]. Journal of Educational Research and Policies, 2024, 6 (2): 78—84.

[24] Jiang B . Implementation Status and Optimization of Ideological & Political Education in International Trade Practice Course—Based on the Case of Ningbo

Polytechnic [J]. Frontiers in Educational Research, 2024, 7 (2): 52—58.

[25] Liang Z ,Zhang X . Research on the Dual Dimensions of Artificial Intelligence in Precision Ideological and Political Education in Universities [J]. Advances in Social Behavior Research, 2024, 5 (1): 46—51.

[26] Ma Y ,Xiangang H . Strategies of Infiltrating Psychological Fitness Education Into Ideological and Political Education [J]. International Journal of Web-Based Learning and Teaching Technologies (IJWLTT), 2024, 19 (1): 1—16.

[27] Li M . Intelligent Platform of Ideological and Political Education Resources under Digital Education Environment [J]. Advances in Educational Technology and Psychology, 2024, 8 (1): 15—22.

[28] Zheng G . Construction of Ideological and Political Education in Universities Based on Intelligent Digital Education [J]. Advances in Educational Technology and Psychology, 2024, 8 (1): 123—130.

[29] Xia X . Exploration on the path of ideological and political education and cultural education in colleges and universities from the perspective of red culture [J]. Applied Mathematics and Nonlinear Sciences, 2024, 9 (1): 45—53.

[30] Li C ,Zhang G ,Peng S , et al. A New Inquiry into the Ideological and Political Education of College Students in the Context of Free Trade Port [J]. Applied Mathematics and Nonlinear Sciences, 2024, 9 (1): 60—68.